凱信企管

用對的方法充實自己，
讓人生變得更美好！

凱信企管

用對的方法充實自己，
讓人生變得更美好！

凱信企管

用對的方法充實自己，
讓人生變得更美好！

凱信企管

用對的方法充實自己，
讓人生變得更美好！

學習困難^{戰士}求生法

學習困難戰士
求生法

**戰勝學習障礙的勇者故事
與實用策略**

總策劃序

（洪雅惠 國立彰化師範大學特教系副教授／前系主任／
中華高等教育暨障礙會創會理事長及第二屆理事長）

沒有容易的路—在愛中勇往直前

有學習障礙的孩子，以及長大後的成人，因為獨特的大腦結構及功能組合，形成和一般生不一樣的認知歷程和學習途徑，常因別人的不了解、誤解、沒有得到需要的合理調整，造成挫折、沮喪……這些心理因素又會和環境因素及個體的神經生物因素交互作用，影響學業學習及心理健康……是非常讓人心疼的一個族群。形／音連結困難、符號系統的不理解、記憶上的困難、處理速度的緩慢……常遭來許多責難；而學業的重擔更是常讓這群孩子們被壓傷，如果再加上鑑定歷程中的坎坷，甚至不通過，衍生出的過高緊張、焦慮、憂慮，甚至精神疾病，又成為生命中不可承受之重，導致自我形象低落、懷疑自我價值以及有身分認同等議題。

本書的初衷，是邀請幾位有特定學習困難的大朋友（包含一位有工作記憶問題的 ADHD 朋友），針對自己相對較

弱勢的能力或特定的困難點，分享對他們有幫助的策略，希望提供給有同樣或類似情況的學子及朋友們（包括：家長、師長）參考，希望可以減輕或縮短摸索、求助無門的痛苦，也了解自己不孤單。有學障特質或特定困難的人其實很多，本書也希望能促進家長、師長、社會大眾對資優學障生、資優 ADHD 學生的了解，進而可以提供優質的陪伴及經營溫暖支持的關係，營造正向的動態學習生態及正向的社會生態系統。

　　本書也特別邀請許豪沖醫師由自體心理學專業的角度來談障礙，如何被他人對待常模塑出我們的特定景況或者特定應對樣態，而學障的孩子，長大後，仍可能依然受到孩童時期形成的內在誓言所影響，如許醫師文中（註 7）所舉的例子，只要我們意識到可能有這樣的情況，願意面對與處理，我們就可以脫離非理性信念、生命更新、心裡更健康，開展更加自由、活潑、健康的生命。

　　最後，我想對每一位有學習障礙、有特定學習困難或 ADHD 的孩子／朋友們說：「面對別人的不了解、嘲笑和羞辱，不要因為這樣的眼光或評論攔阻你成為你自己，不要懼怕！造物主不會創造瑕疵品；相信造物主創造你就是甚好：獨

特的大腦結構及功能組合！聚焦在如何發揮優勢能力以及和弱勢能力和平共處；另外，別忘了，身旁也是有對你友善、支持你的力量。」

　　每個人的路都不容易，沒有容易的路，在愛中持續勇往直前，畫出生命畫布的每一筆，即便過程中對畫的顏色、下筆的位置，可能不是很滿意，但是，這不攔阻我們為生活創造美好、為生命創造精彩，不攔阻我們傳遞良善與溫暖……最終，這生命畫布會是一幅美麗的畫！

（蘇俊濠 諮商心理師／哈理斯的精神分析躺椅）

致用天賦跟障礙奮鬥一生的英雄

「想要改變的受苦者，必須一路承擔責任。」—Allen Wheelis。

在成為心理師以前，我幾乎不懂得「學習障礙」對一個人的能力與生活，以至自我的感受與評價有怎樣的衝擊。直到一個、兩個，甚至更多的個案來到諮商椅上，他們用故事—有時候是他們主動告知障礙的存在，有時候則是在長期工作下我們一起發現：「原來這裡有個障礙！」……一步步教會我如何感受和理解學障的世界，這時候我才又回頭，醒覺到生命中曾看過一些被罵作「死蠢！」「豬都比你聰明！」「你懶惰就懶惰，不要找藉口！」……的臉孔，即那些無比努力但一再困頓的同學或朋友，也許就是未被診斷出來的學習障礙患者，他們身、心相互交織與挫折的故事，至今仍無人知曉。

在學理上，我逐漸體會到精神分析的「自體心理學（self psychology）」很能貼近學習障礙者的世界：那是一段段有關缺陷、一再挫敗、不被神入（同理）、自體崩裂、但仍然堅持奮鬥的故事。

創立自體心理學的 Heinz Kohut 在最後一部書作裡指出：「每一個人都或多或少地建立起代償結構。」他的意思是：每一個人都在發展過程中，受到某些衝擊，使得自體在一定層面或程度上是碎裂的；情況嚴重時會演變成自體障礙／疾患。人們負傷前行，並針對自身的缺陷無意識地建立起某種防衛與代償。在簡單的平行類比下，學習障礙者的自體，彷彿天生就有原發缺陷（primary defect），當他們面對學習上的種種要求與考驗時，便需要發展起一套心理上及實際上的「防衛型結構」（defensive structures，用以遮蔽、隱藏、掩飾原發缺陷）或「代償型結構」（compensatory structures，有效、穩定、具效用地補償原發缺陷）來應對。

Kohut 認為，經過訓練與強化的技能與天份（skills and talents）可以用來代償心理的缺陷，我認為這觀點跟學習障礙者用各種習得的技能（本書有滿滿的實用例子）去克服障礙、甚至達成人生任務的歷程是類似的。然而，當我從更實

際的層面思考，如學障者用以處理那些羞恥、無能、自貶、憂鬱的自體感受而欲強化的技能，正好與自己的障礙問題息息相關時，他們還有別的代償出路嗎？

從障礙中復健（rehabilitation）的路途上，應該還有一個常聽見又容易忽略的重點：努力未必能換來成果，問題是在於人有沒有努力在對的方向上。用自體心理學的觀點來看，「對的方向」就是潛能（potentials）或天份的所在。所以學習障礙者的心理治療重點，除了是通過神入（empathetic）的環境，讓受傷、碎裂、卡關的自體因得到滋養而重新發展，也需要透過神入的理解，繼而真誠地予以回應：治療師向學習障礙者指出他可能陷在不可能的解決方案中、走在相對弱勢的黑森林裡，但也許選擇另一條路或替代方案，他會發現自己未發展的潛能、點亮現有的天份優勢。

要是真的能看見學障者的真正形狀時，我很希望有機會表達類似的話：「你可以、也需要慢慢在這個方向用功，但它大概不會是你最在行的；相反地，如果你開始把力氣放在那個方向上，也許有一天你會發現自己原來可以做得這麼好！」換言之，面對學習障礙者的身與心，我們不能只是補短，還需發展所長，並在理想的情況下，把那些看似短板部

份支撐起來，好讓優勢能盡可能不受阻礙地發展下去。

佛洛姆（Erich Fromm）曾寫道：「事實上，每個人都是一齣戲劇裡旳英雄。我說這話不是感情用事，例如：有個人與生俱來擁有一些天份，但卻常常失敗，所以，他的人生乃是巨大的奮鬥，要從極大的障礙中憑自己的天賦成就些什麼。」我把這句話送給書中以及正在閱讀本書的每一位受苦、求改變、背負種種責任而奮鬥的英雄們。

» 「哈理斯的精神分析躺椅 」FB 粉專

（楊聖哲 臺北市萬華區大理國民小學校長）

行動，是最好的支持！

　　恭喜學有專長的婷尹老師出書了！非常偶然的時機，有幸聘請學經歷豐富且獲獎連連的婷尹老師擔任本校的專任輔導老師，協助個案輔導、小團體輔導及班級輔導課程等心輔工作。

　　書中除了婷尹老師以自身經歷談及學障資優者的現身說法，也邀請同樣具有學障經歷者述說自己親身的遭遇，以及如何克服先天的種種困難的心路歷程……他們在醫療鑑定上不容易達到學障標準，甚至透過自身的努力找到合適的學習策略、成績好轉而被取消學障鑑定身份……我們應該更關注、關心這樣的不平凡現象，讓這一群容易遭遇到誤解的學障孩子在不平凡中邁向平凡，讓我們用最具體的行動來給予支持與鼓勵。

（林彥同 特教博士／特教老師）

多看多接觸　為人師者才不會因不了解而冤枉或錯失協助的機會

被邀請為這六位（資優）學障成人的自述故事寫推薦時，感覺無比榮幸，但閱讀的同時，時不時總有些歉疚：「我是否冤枉班上的學障生了？」

面對我這學期新收的二年級學障生：指甲咬到爛、媽媽抱怨天天尿床……這些都是他的老師義無反顧要幫他的；但我真的有好的方法幫他嗎？前天考試策略訓練的場景，我用盡技巧努力提示應該是選項4，而他看起來也接受了這些提示要選4，但最後1秒他卻堅定的選了3。這當中有什麼奇妙的變化？他的優勢真的在打球嗎？有什麼代償策略可以提供他減少目前看到因焦慮引起的症狀？

在這六個自述的故事，試圖由自己的觀點出發，優弱勢分析、代償策略，讓我看到見招拆招、永不放棄的實際樣貌，是可以期待的。應用理論解決自己遇到的問題，一定讓

理論者動容；甚至將所有缺陷或不足的能力，用外掛的方式補足、發展專長，這更啟發了所有面對限制的人。他們當中在走過學障的困難，甚至願意以過來人的經驗，成為學障者的家教，全方位的領航，提供支持、減少撞牆摸索的無助。

這幾個自述的故事，讓在實務現場工作的我反思再三，如：學障特質充分，但沒有接受特教協助、考上第一志願，這樣的「學障生」到底是不是需要協助的學障生？我們對這種需要加好幾倍努力的學習狀態的學生有什麼責任嗎？給鼓勵、當一個說兩句加油的啦啦隊就好？

在這六個自述的故事，我再次受學障的矛盾衝擊，在衝擊中同時受到鼓勵。怕朗讀卻愛國語即席演講，因為讀與說是不同的能力；心像能力不好，所以無法畫地圖，但空間能力佳，所以很會看地圖找路，因為畫出與讀懂使用地圖也大有不同……我相信這些衝擊不會有結束的一天；而這些衝擊，無疑的將修改我對學障認識的基模，包容適用更多異質的學障。我的學生來自陳他學習上的困難時，我是相信他自陳的困難，還是搜證確認真偽、要求符合我所知有限的邏輯？

誠如故事中所言：「學障成人其實還是可以救，只是CP值不像早療那麼高。」對任何一個學習者而言，包括實務工作上對學障需要更多了解的老師，現在才了解，對協助學障生雖然不是最理想的時段，但只要一開始，我們就不會落後在無知的隊伍裡！

實務工作上最有意思的是：相信、接納之後，我的學生更有機會找到應對之道。期盼這些故事的真情分享，能在我們的學校營造出一種氛圍，可以讓學障者得到披荊斬棘的巨大力量。

（吳福濱 全志盟教育智庫執行長）

家長公民團體對特教的支持與期待

　　特殊教育是一個需要全國社會共同努力的挑戰，在學生的學習過程中，家長是最重要的支持者和陪伴者。很高興長期關注有學習困難的學生的彰化師大特教系洪雅惠副教授，邀請許豪沖醫師及幾位資優學障生和資優 ADHD 大朋友一起出書分享學習策略，相信會有許多家長在陪伴孩子學習上獲得具體策略的幫助。

　　在家長公民團體的眼中，台灣特教的持續發展仍然需要解決許多問題。

　　首先，特殊教育教師的專業素養和能力需要進一步提高。本書很適合資源班特教老師上學習策略特需課程的參考，以及學習扶助的教育人員之參考；普教老師們以及家長們也相信有了此書的助力，更了解能力有高有低的孩子一些學習的情況，尤其是經常被誤解的資優學障生和資優

ADHD；本書也適合社會各界閱讀，提高對高認知能力又有學習困難孩子的了解，減少對他們的歧視和排斥，營造包容和理解的社會氛圍。

讓我們一起努力，讓這些特別的學生得到更好的教育和支援，讓台灣的孩子們走向更加美好的未來。

（劉琴滿 全國家長會名譽理事長）

突破困境，造就自信、勇往直前的新生命

　　長期在家長團體內擔任創會幹部、創會理事長，因而有機緣跑遍全國各級學校校園擔任教育志工的小小螺絲釘長達20年歷史。這期間因為擔任過教育部「總統教育獎委員」、「總統教育獎複審委員」6 次，和其他進入校園的各種訪視委員等等，上山下海至全國各地方，無論偏鄉、離島、縣市、直轄市……校園中見過形形色色不同管理哲學的校長、主任、師長、家長及努力向學的學生，無論心智障礙、多重殘障、腦麻、自閉、失聰、失明、過動、智體能資優、外配第二代等多元不同學習狀況。由於我很幸運有機會參與「總統教育獎複審委員」國小組，親眼接觸到弱勢家庭、學生之處於逆境、永不放棄的精神更令我敬佩！也因此養成我認養無資源經濟弱勢的家庭贊助近 20 年；今年（2023）有一位我從國小四年級開始認養、一路陪同教育到以「希望入學」進入台大醫學系的孩子，讓我最感欣慰。在這過程中，也讓

我深刻體會：每一個孩子都是寶，無論他上的是什麼學校，終究有走出自卑、學習障礙環境的能力，能成為自信、勇往直前的新生命。

　　學習障礙學生的確不容易教，甚至日常生活都讓每一個家庭手足無措，家長在家庭、事業蠟燭兩頭燒中，也只能盡可能擔任助學員，因此很需要工具書，才能更有效益的指導孩子。在一般家庭中，孩子們學習只在於是否想學、認真學，因此很難讓我們去想像有學習困難甚至障礙的孩子的學習過程是多麼的坎坷、無奈、艱辛……本書有多位學習障礙大朋友分享自身的學習困境以及有幫助的方法，相信可以幫助有學習困難或障礙的孩子有所突破！實在很榮幸可以推薦，亦相信書中所提到的策略對師長們、家長們、學生們都具實質參考價值。

　　身為家長，尤其需要先不厭其煩的自我學習成長，才能讓我們的孩子自由自在的生活在快樂學習中，而不是在充滿厭世、雜繁的心緒中不知所措！

　　僅此祝福每一個孩子有學習上不容易的家庭，都能早日健康快樂，看待不凡中的學習精神。

（秦郁涵《跳過學障的高牆》作者／特教老師）

勇者無畏，生命自然會有一條路

上帝關了一扇門，也會給你開一扇窗！

我常說：「孩子的障礙表現是解開障礙最好的鑰匙。」當我們開始觀察孩子的障礙特質，為了應付障礙所發展出的策略，所有的解答已經蘊涵在這一切了。孩子自己已經告訴我們，他在哪方面有困難，又擅常處理哪方面的資訊，可以用哪些方法來繞道而行。在本書的文章中，不乏有人是用圖畫來展現歷程，也有完全不用圖的人，這就涉及了不同的認知處理歷程與優勢。

對我而言，這幾位作者呈現的不單只是自己的困難及策略，更是共同集結了策略與方法，成了豐富的資料庫。因著他山之石可以攻錯，我們藉由這些作者的分享，讓大家更方便去找到屬於孩子的那把鑰匙。

學障本來就是異質性很高的障礙，有著好多種不同的亞

型，而個人的思路與障礙的日常呈現，也會隨著亞型的不同而有完全相反的面貌。

這次主要撰寫的幾名作者，其中二位也是平日的朋友，同樣自己身為學障，看到這幾篇文章，自己也相當能夠共感。很多時候，我們一起面臨不被人看見、不被人認同、不被接納的困境，「障礙」已經不再只是來自我們本身，更多是社會的賦予，讓我們障上加障，這所帶來的情緒壓力真的是非常痛苦！但當在書中看見許醫生用其專精的理論，述說出我們所面臨的處境，並且更進一步帶入了那份希望和理解時，這樣的安慰對我及書中的眾多作者都是一種鼓舞，社會需要更多這樣的理解及專業人員的相挺，包括本書的幕後推手—彰師大特教所的洪雅惠副教授，沒有她的陪伴，並鼓勵大家撰寫自己的經驗，就沒有這本書。

這本書除了每個作者自己的困難與策略的呈現，更進一步呈現的是「不放棄的心」，更是「生命的韌力」。

向勇往直前的勇士們及許多支持我們的專業人員致敬！

目錄 🌱

許

豪沖

醫師

簡 作者 介：

許豪沖 醫師

〔專長〕

精神分析、精神分析取向心理治療、心理治療專業督導、精神科門診診療、團體心理治療。

〔學經歷〕

- ✓ 台灣大學醫學系畢業
- ✓ 台大醫院內科住院醫師受訓一年
- ✓ 台北市立療養院精神科住院醫師受訓四年
- ✓ 台灣精神科專科醫師
- ✓ 台北市立仁愛醫院（聯合醫院仁愛院區）精神醫師兼（前）主任
- ✓ 美國芝加哥精神分析學會訓練畢業
- ✓ 美國精神分析學會分析師
- ✓ 台灣精神分析學會會員
- ✓ 台灣自體心理學研究會負責人
- ✓ 自體心理診所負責人

前言：

　　很高興能有這個機會，和一些不太相熟的朋友們一起做一件不一樣的事。就我作為一名精神科醫師與精神分析師來說，平常的工作幾乎佔據了大部分的生活，已經對生活的其他部分造成一些排擠。所以說，我可能是一個獲得社會肯定的醫生；然而，我這樣的成績，卻也壓縮了我其他方向的努力空間。然後，或許也是作為醫生所獲得的自我肯定與意義感，相較於其他方向的努力有更多的回報與收穫，所以我也就習慣於這樣的「朝九晚六」的生活。不過，還好我還算是一個喜歡思考的人，所以也還是會對現有的生活感到懷疑與好奇，會思考自己是否真的算是夠努力來活出自己的潛能？還是受限於自己的安全感需求而故步自封？所以，這次與一些老師、朋友的合作算是一個新的嘗試，希望我的參與與努力能夠對一些人有些啟發。

　　說說我平常的工作好了，我會和一些找我幫忙的人，建立長期的合作關係。這種關係有其特殊性（專業性，可長可久的邊界與規律規則），但卻也不折不扣是一種「真實的」人我關係。特殊性讓人對安全感、對穩定的心理需要得到滿足，對人的信任得以被建立。然而，現實或真實卻是如此地變動莫測，隨時會對人的基本心理需求帶來威脅，而這些讓我幫忙的個人，往往在早年生活裡就已經遭受過大過久的創傷，所以需要一個人為的特殊空間與關係，來幫忙受傷的個人能夠有機會重新找回對世界、對人的安全感與信任。話雖如此，真實的心理治療過程往往千變萬化，需要合作雙方一起努力來往前走。

從自體心理學角度看「障礙」

☺ 自體心理學簡介

» <u>為什麼要談自體心理學？</u>

我的回答是：「這是我最熟悉、最能理解與運用，也是最早真正幫我達到『認識自我（know yourself）』目標的理論。」

從我大學階段開始，就陸陸續續接觸過一些心理學書籍，尤其是志文出版社出版了不少佛洛伊德、佛洛姆、凱倫荷尼，以及阿德勒的著作。這些著作有的蠻淺顯易懂的，或是可以發人深省；但佛洛伊德的著作對我而言，就顯然不對

我的胃口。一直到我走上精神科醫師的道路，我始終對於佛洛伊德的理論提不起太多興趣，只是他的名字每個人都在提，所以也只能勉為其難讀他一讀。這種困境一直等到我遇見寇哈特（H. Kohut）的書，我才算真正被啟蒙而對精神分析產生真正的興趣。閱讀他有關於精神分析的著作，喚起我很強烈的感覺與感動；這也可以說是我第一次感受到被人（作者）理解、被詮釋，而產生了一種「神入」共鳴感動。（註1）

美國精神分析師寇哈特於 1971 年出版他的第一本著作：《自體的分析》（The analysis of the self），開啟了自體心理學的理論論述。後來又接續出版《自體的重建（The restoration of the self）》（1977）、《精神分析如何治癒？（How does analysis cure?）》（1984），逐步地發展與深化他對精神分析治療的觀點與理論。

寇哈特的理論是從他自己個人長期的分析工作與研究出發，一步步累積發展而成為他的理論；簡單來說，他就是要挑戰佛洛依德的「伊底帕斯情結」作為人的心理發展核心之說法，強調「自戀、自體的存活與崩解」，才是很多人核心的心理議題。他挑戰一般人強調自戀的正向意義與價值，我

們可以說，佛洛伊德以一種「客觀的」、「他者的」觀點（註2）來詮釋個案的潛意識；而寇哈特則以一種「自體的、案主主觀的」觀點，來詮釋理解個案的潛意識。而我們要問的是：「主觀觀點的理解詮釋，為何能夠真正給案主帶來幫忙與成長？」這個問題如果深入地探討，可能需要一本書的長度；但簡單地說，我們也可以從個案的心理需求出發，去真正感受體察案主的自戀需求，其實極為強烈與根本。

很多自體發展過程中遭受嚴重創傷的個人，已經對周遭的成人無法信任也無法表達其真實需求，除非有治療者能夠懷抱這種自體心理學的神入視野，能夠理解並接納其超乎尋常的恐懼與不信任，並願意持續且專注地投入陪伴與理解的任務，因為這樣的個人，已無法與人重新產生連結。

寇哈特於 1981 年過世，一直到死前幾天，他還是抱病參加當時舉辦的國際精神分析自體心理學學會（IAPSP）的年會，並發表他最後的演講：「論神入（On Empathy）」。他還是對於宣揚神入的正確概念抱持無比的熱情與決心；他也相信神入概念的理解與掌握，確實會有助於個人的心理發展與社會群體的成熟和多元化發展。時至今日，國際精神分析自體心理學學會（IAPSP，https://iapsp.org/），在 2022年已在美國華盛頓舉行第 43 屆會議。

我曾在十多年前參加過兩次盛會，也在一次會議期間，結識一位日本的分析師－Koichi Togashi，在那之後，Koichi 教授每年都應邀來台參加我們台灣的自體心理學研討會並發表演講。Koichi 教授雖然工作繁忙，但他還是每年參加 IAPSP 的年會，同時又著作等身。（筆者自己的聯想是，Koichi 比較像是儒家，積極奔走於天下；而我自己深受道家影響，比較享受清閒的小日子。）

» 台灣自體心理學研討會的成立

講到這裡，我也順帶介紹一下我們台灣自體心理學同好們的努力。

台灣在林明雄與劉慧卿醫師的號召下，我們在二十多年前先組織了寇哈特的讀書會。在一起經讀了寇哈特的三本主要著作後，我們決定將他的三本著作中譯並出版，並且在林明雄醫師的組織下，形成了「台灣自體心理學研討會」，我們就這樣一年復一年地發表論文、交換讀書與心理治療實務心得；在 2023 年邁入第 22 屆，時間真是飛也似流過！

自體心理學，顧名思義就是研究自體（Self），研究「我自己」的學問。而因為要讓「自體」、「我」、「主體」變成研究的主題與對象，所以要將自體—「我」，客體對象

化，使其變成其他自然科學所研究的對象一般，變成觀察者所研究的客體。所以，觀察者這時就需要發揮一種分裂的能力，將自己分裂為觀察者的主體我，以及被觀察研究的客體我，同時間必須借助於忠誠的他者／客體（在心理治療裡就是治療者）的參與與觀察回饋，使得這種有關自體／主體「我」的觀察研究得以真正通過一段關係（此時是治療關係）來發展與進行。而寇哈特的最重要貢獻就是指出「神入（empathy）」在各種人我關係裡的關鍵地位：神入是代理的內觀（vicarious introspection），通過神入我們才能理解另一個人的心理狀態。神入也是心理治療裡的觀察與治療工具，通過神入我們才能理解並發揮治癒的能力；而且，主體我／自體唯有在神入的環境下才可能出現並維持存在，否則就會陷入崩解與碎裂狀態。所以接下來我需要說明「神入」。

神入對治療的影響？

☺ 何謂「神入」？

» 神入與同理的能力

　　神入（empathy）這個概念有另一種翻譯，就是「同理心」，這是寇哈特自體心理學裡的核心概念。所以，我們要談自體心理學，必須理解什麼是寇哈特所說的神入：「**神入是我們理解他人、與他人情緒共感、產生情感連結與認同的主要模式（心理功能）。**」中文世界裡的同理心與惻隱之心，或者叫人將心比心，或是「己所不欲、勿施於人」、「己之所欲、施之於人」等等很多的描述，都在說明這種最基本的

心理運作與現象。我們想要對他人的心情或表達有所理解，都需要通過這種「從小到大不學而能」的能力來感知另一個人的表達；只是，這種神入或同理的能力當然有很大的個別差異。我們深知，對於跟我們差異越大、年代差異越多、社會文化越不同的個體，我們的神入理解能力就會下降；相反地，對於越熟悉的、差異越小的神入理解就會容易許多。

神入理解另一個人的心理世界絕對不是一件容易的事，在心理治療的訓練來說，數年的學習與實習，加上個人接受數年心理治療的體驗，以及實戰工作裡的受督導實習，往往才能建立心理治療師一定的神入能力。而這能力若想要磨練精進，那就需要長時間的神入投入與實務工作；這也是寇哈特再三強調的「長時間的神入浸泡」，這就是理解另一個人的心理世界、理解精神分析這學問要旨所需的持續努力；它不是一蹴而就的頓悟，而是一次又一次的修通（working through）。

» 神入與外在環境的關係

寇哈特曾經這麼說：「當治療師可以與病人間搭起神入的橋樑，病人就會某種程度上不再是邊緣型（隱性精神病）或精神病個案，而會變成是（嚴重的）自戀型人格疾患個案。」（註3）這裡所說的神入，其實是一種不同於佛洛伊德所談的「主客二分」的 19 世紀的科學觀，不是一種觀察者對於他者（所謂客體（object））的客觀觀察與研究，而是可以真正穿透人的表面的、意識的「認知架構」，採取一種「我與你（I and you）」而非「我與他的」角度，以一種平等的、相互尊重的、願意理解的、不評判的心態，期待可以更開放、深入地進入到人與人的連結。

這裡所說的「連結」其實是與生俱來的，打從嬰兒出生起，他就準備與這世界、與母親連結，否則他就無法開始發展，甚至連生存都有問題。連結當然包括生理的與心理的兩部份；生理上對母親的全然依賴，使他的各種身體感覺與運動功能得以發展。心理上也有類似的過程，因著心理上對母親的全然依賴而開啟了心理發展。

心理發展的過程，有很多書籍已經有了很詳細的觀察討論，在這裡我就不贅述。我只是要指出：個人心理發展的傾向會終其一生不斷進行。假如他遇到的母親或外在環境回應是「足夠好的（good enough）」，他就會持續與母親或外在環境保持連結；然而，假如某些母親或環境的回應超過了孩子心理所能承擔，促成孩子的自體崩解而造成創傷，這時就會發生暫時的去連結、解離，或防衛，來保護心理世界免於持續的刺激崩潰。

神入進行心理治療工作的方式

☺ 實際個案分析

» 治療的膠著狀態

　　當然，一個人的生命裡免不了創傷。我們無法確定多少的刺激或創傷（不管是質與量）會導致不可回復的心理發展去連結、中止，或導致心理創傷的慢性化以及其心理防衛的僵化。這裡的說法比較是綱要性的，一種概要的簡化說明，只是要給助人者／治療者一個可以參照的工作手冊，真正要在心理治療／心理復健這條路上前進的話，還是有賴於個案與治療者雙方之長期的神入努力。這種依靠個案與治療者雙

方的長期合作關係，來逐步理解一個人的內在心理世界的過程。（其實以比較當代的精神分析理論來說，治療關係是兩個心理世界共同投入的場域，涉及到雙方的意識與潛意識的相互捲入。所以這較近代的學派被稱為「兩人心理學」，用來與佛洛伊德開啟的古典學派：「一人心理學」作區分。）

在這裡舉個例子，用來說明自體心理學角度下的心理治療工作如何推動：

我有一位女性個案，三十多歲，已婚無子，目前與女朋友同住。在最近的門診診療裡，好幾次談到她的絕望與自殺意念，她總是笑嘻嘻地談到她的不抱希望、感覺做什麼事都不會有用。她也說到藥物的效果多半不持久，一段時間後就會失效，即使她已經找過精神科醫師斷斷續續看了半年多。她的口語表達清晰，反應其實不像一般憂鬱症的病人，她可以立即回答我的任何問題；然而，當我幾次嘗試釐清她憂鬱情緒的可能原因與背景，我並沒有發現到可以解釋她當前困難的原因。唯一比較清楚的抱怨與她的女友有關；她會再次來看門診也是因為女朋友的逼迫，因為她已經超過兩年以上沒有積極找工作。她只是躲在與女友合住的家裡上網、打遊戲，而她女友對此已經忍無可忍。相對於此，她在與女友同

住之前，其實是住在先生的房子裡，而且她先生其實對她很好、不會給她任何壓力，只是她不滿於這種沒有目標的生活而決定搬離。她說到先生就是會照顧、包容她，只是先生不瞭解她，也無法有太好的溝通；甚至當她搬離時，先生還是表達歡迎她未來搬回來的意思，只是她堅決要離開。（其實這裡我心裡蠻納悶的：她目前的生活比起過去真的有比較有意義嗎？）

於是我詢問她，是否考慮回她先生的家，假如她真的被女朋友趕出來。她還是笑笑地說應該不會吧，但是她也確實開始採取一些行動，包括看醫生與斷續地開始找工作。

幾次門診我與她都花了時間與力氣來討論，不過卻沒有什麼比較深刻的印象與發現。然而，身為醫師沒有太早放棄的權利；我們也深知這種悲觀無力、無奈感很可能正是個案想要傳遞溝通的重要訊息與感受（精神分析理論把這種治療者的感受稱為「反移情（countertransference）」，視為理解案主的移情與心理狀態重要材料）。於是我再次打起精神，試圖去理解的她的憂鬱無奈、無力到底是怎麼回事時，不可諱言的是：我本身也越來越無力與不耐，甚至開始質疑她會來門診的動機。

「妳如果真的不抱希望，為什麼要浪費自己與醫師的時間來看門診呢？妳不是也花了力氣、排除了困難才能出現在我面前嗎？為什麼妳不斷地潑自己冷水呢？是有人曾經這樣冷酷地對待妳嗎？」

突然間，因著我的有些激動與認真的質疑，她的情緒也瞬間激動起來。收起她的嘻皮笑臉，說到她小時候常常被爸爸毒打的經驗：「爸爸會無情地打我與媽媽，會要求我做這做那，不服從就會被打得更慘……可是我寧願被打也不想聽從爸爸。」當病人給我這個回應時，我的腦袋瞬間好像被點亮了！我突然間意識到病人對於進步的反抗、對於人生的不抱希望，很可能是在於她的自體獨立存在的心理需求：因著爸爸的過度控制與暴力，使她的自體極度敏感於他人的要求與期待，對於他人想要將某種期待或要求加諸於她的身上，就會激起她潛意識的反抗與排斥；而她同時也隱約意識到她這樣的態度，讓她無法與人合作，她的人生似乎無路可走。

» 自體意識的重要與影響

這種對於他人意志的暴力強加之抗拒與暴怒，有時甚至不惜一切而切斷關係或結束生命，其實是頗為普遍的心理現象。每個人打從出生開始，內在都有一個自體（self）、我

（I）的意識，而這個自體意識的促進與維持，仰賴於環境裡的照顧者之足夠好的照顧與回應。反之，如果嬰孩早期無法獲得來自環境裡足夠好的回應照顧，那麼他的自體就會遭受到創傷，甚至導致自體的障礙與疾患，以至於這樣的個人終其一生都會困擾於自體疾患，苦惱於自尊、自信的不足且容易自戀、暴怒。

這種自體感容易崩解與碎裂的問題，在我當前討論的個案身上就很顯著：她童年時面對父親持續的暴力威脅與壓迫，她為了維繫其心理自體的存活而對抗、反抗父親的暴力威脅。這種激烈反抗招致了暴力毒打，不但留下身體的短期傷痛，更留下心理上對於他人意志的過度反應傾向；她對於他人的要求與請求，很可能會因著過往的創傷經驗而放大感知為一種命令的強加與壓迫，因而她就會因著這種創傷反應而發動反擊與反抗（這裡的反抗也可以是一種被動攻擊或不配合），以維護她脆弱的自尊、自體感。

當我們對她過往的創傷史與她當前面對女友的找工作的要求（逼迫），理解了其中的關聯與意義後，我與她都變得比較輕鬆且找回我們之間的相互理解與互信。終於，我理解了她無法積極去找工作的複雜心情，而她也理解了我對她的

理解。果然，在兩個月之後，她回來告訴我說，她現在已經可以去找工作了，同時也已經開始工作了；她說她現在覺得輕鬆許多，也比較滿意自己。

☺ 神入介入治療的優點

由以上的簡短的個案來看，我們可以嘗試做些簡短的推論，以理解自體心理學如何幫助理解另一個人的障礙（困難）：

1. 個人的障礙與疾患，會干擾他與他人、與世界的連結與互動；嚴重的甚至會使個人的發展中輟、中斷。（註4）

2. 每個人都需要有足夠好的他者（自體客體、貴人），努力協助與促進他克服其障礙與困難，朝著天生的發展方向前進；而這足夠好的他者，所需的關鍵能力就是神入。

3. 如果原生家庭的父母或照顧者缺乏足夠的能力與條件，無法成功地協助個人克服其障礙困難，或甚至因父母自身的挫敗感而導致他崩潰暴怒，這時就可能導致孩子的心理創傷，這會加劇原來的困難障礙。

4. 藉著神入的他者（自體客體）的幫助，一個人有機會恢復其主體的狀態，以這種狀態才能真正與世界、與其他人類發展真實且強壯的關係與連結。

神入與障礙的關係

😊 建立人我關係的重要關鍵

　　就我個人的臨床經驗來看，我認為當我們嘗試努力理解另一個人的困難時，好奇與願意理解的開放心態，比起關於障礙的背景知識更為重要。不管障礙的根源為何，不管它的起源是生理上的、心理上的，還是社會上的，亦或是三者皆有的複雜情況，作為治療者的我們，都需要秉持謙虛且開放的態度，來理解另一個人的困難、困境。他可能來的時候，已經被過度的創傷與刺激所淹沒；他也可能瀕臨崩解或已經崩潰；他也可能呈現出一種對於世界的半信半疑的、懷疑且易怒的狀態……治療者可能也會暫時被這些強烈情緒所

淹沒，而無法保持清明且理智的心智狀態。然而，相信他者的善意，是建立人我關係關鍵的第一步；而他者的可能惡意則可能是他過往創傷之再度呈現，是一種移情或轉移關係（transference），所以需要被治療者承接、理解，且神入地回應。這是理論上的應然，然而實際上卻常常有各種變化而不一定如此發展。

神入心理治療的意義與價值

　　這裡我要介紹一本關於如何因應與克服學習障礙的書，那是我以前翻譯的一本書，作者是歐倫史坦（M. Orenstein）。她本身就是一個學習障礙者，但她堅持不放棄的韌性，讓她一步步地克服與因應她的障礙，同時成為一個有能力幫忙其他障礙者的專業人士。

　　她有一段話是關於心理治療的幫助：

　　「心理治療對一些學習障礙者而言幫助很大。例如：對驕傲與羞恥給予情緒注意力，減少了羞恥的刺痛，而有較多空間來思考自己的優勢與劣勢。一個人能夠理解到不斷把失敗歸因於人格缺陷是不正確與不公平的，於是自我安撫變得

較可能，過去的失敗記憶會增添新的意義。看不見或無法穿透的障礙而非人格結構，才是造成過去失敗的主要原因。當這些新意義被併入個人的記憶底層，會將自我否定轉換為對自身痛苦與挫折記憶的神入理解。人們開始比較尊重自身的優勢，以及尊重想要代償劣勢的創造力，特別是自己的韌性。這種尊重為內在的驅動力賦能，啟動創造的代償，並促進自體結構的發展。換言之，重新點燃了希望。」（註5）

　　這裡講到的驕傲與羞恥、成功與失敗、優勢與劣勢，最後都匯集到對於「我」這個人、對自體的感受與評價。如果是好的感受，自體感就提升了，「我」就感覺開心且充滿活力、躍躍欲試；反之若是不好的感受，自體感就降低或甚至崩解碎裂，「我」就感覺痛苦羞恥、憂鬱不振，甚至不想活了。這種自體感的發展與促進，決定了一個人是否能夠慢慢走向健康、成熟與有意義的人生。這也是寇哈特所說的神入為何如此重要的原因：只有通過神入的理解，一個人的人生裡所發生的一切，不管是好的還是不好的，都可能有其意義而等待我們去理解與掌握。即使是短期內感覺很糟糕的事物發生了，如果我們可以慢慢理解並掌握最適合自己的因應與處理之道，那麼這樣的挫折或失敗就可能是我們人生裡資料

庫的一部分，或者可以說增加我們的經驗值。

　　我這裡說的話，只是人生裡的應然，種種人生哲理與宗教或正向心理學都會這樣提醒我們。然而，我們做為凡人都會有陷落、崩解、崩潰與承受不住的時候；當我們失去了一個統整且穩定的自體時，所有已經內化的信念、意義與價值都可能隨之瓦解。

　　這種情境下，正好解釋了為什麼我們需要心理治療：正就是因為我們無法把自己拉出沙坑或流沙，我們需要有一個支點與一根槓桿才能舉起一個東西；自己是無法把自己舉起來的。心理治療就是設計提供一個特殊環境，讓一個人的碎裂自體可以獲得機會來修復、統整與復健。心理治療裡被期待提供一個穩定的、接納的、可依靠的時空環境，可以適時提供足夠神入的回應，來讓一個人的自體可以獲得所需的療癒。而即使有無法給予足夠神入的回應而導致暫時的受傷、自體崩解，只要治療關係沒有真正斷裂，那麼這種神入失敗的時刻也剛好提供一個機會來真實經驗雙方關係如何「由剝而復」，讓這樣的失望與危機有機會被轉化，同時變成一個人內在心理世界的一部分。（註6）

☺ 治療者反情移的挑戰與困難

» 自戀型疾患

　　如果用比較普遍的說法就是，所謂的障礙者常常是懷抱著一個不為人所理解的困難，也因此通常無法被障礙者自己理解，因為這個「問題」從來沒有被看見、釐清以及語言化。

　　缺乏意識上的語言化，意味著他的困難從來沒有被正視與看見，當然就更談不上解決。父母與障礙者都不理解的困難，常常導致父母只能憑藉他們自身的經驗來推論或猜測，因而發生種種的不理解、誤判，與負面評價；甚至是批評與暴力攻擊（言語羞辱或體罰）。這種父母的不理解、貶低、排斥否定，往往給孩子帶來無比龐大的壓力。如果孩子具有強大的韌性，他或許還能夠盡他所有之力來投入學習，包括：減少睡眠時間、把所有時間都投入於學習……儘管如此，他可能還是不一定會獲得比較好的成績。因此，這些成長過程裡，持續累積的挫折以及對父母要求的完全順從，也可能在孩子長大後的生活帶來很多的後遺症。（註7）

　　精神分析的發展歷史上，其實有很多次的理論概念轉折，讓原先被認定為「不可分析的」疾患，因著治療者對該

疾患的理解提升了，同樣疾患的個案就變成是可分析的個案。這裡值得注意的關鍵就是：治療者本身的主觀性，正如個案的主觀性一樣，是不可忽略的重要元素。有沒有可能所謂的「不可分析」，其實是治療者負向移情的一種表達？治療者如果可以神入理解個案，這時的個案就是可分析的、可工作的；否則，治療者若努力一段時間後還是無能理解，被自身的挫折感、失望所淹沒，於是轉而攻擊或貶抑個案為不可分析的？我們可不可以說，治療者的任務，在於「能否在無法理解個案的時候，還是繼續堅持治療工作並涵容其中的挫折與失望？」

　　歷史上一個很有名的例子就是「自戀型疾患」。佛洛伊德在「論自戀」論文裡，將自戀型疾患判定為不可分析的。他的說法是：自戀型疾患因為無法對治療師產生移情，而沒有移情這樣的情感連結，就無法再現個案與早年重要客體的關係，也因而無法透過移情詮釋與理解來工作。而寇哈特則是發現自戀型疾患的個案不是無法發生移情，而是會產生一種特定的、自戀的、自體客體的移情。治療師若有這種理解就能夠與這樣的個案工作。簡單說，這裡的關鍵是：治療者可否覺察到自身的反移情現象，並且理解這情緒的可能不同

意義。有一句俗語是：「不會開船嫌溪窄」，這種因為對病人的負向反移情、不理解而貶抑病人可以接受治療的能力，往往讓一段可能的治療工作胎死腹中。

» 邊緣型人格個案

　　所謂的邊緣型人格個案，其實也可以看到類似的現象。治療者若對某一特定個案產生了負向反移情，他就可能會以各種形式「負向地」回應個案，包括給予個案無法透過治療來幫助的診斷。這反移情可能是因為某次或持續的關係衝突，無法被治療者涵容或神入地理解回應，這無法消化或化解的負面情緒勢必會持續影響治療關係雙方，而治療者的可能反應就是將個案診斷為「邊緣型人格」；或是以各種負面的情緒字眼來詮釋個案的表達與言行。但其實可能就只是治療者的負向反移情未被理解與消化，而他只能經由這種方式繼續與個案工作。可惜的是，治療者這種在負向反移情裡堅持治療工作，很可能恰恰重複了個案與父母間的生命經驗，治療者可能反而認同父母的觀點，而非個案的觀點。假如治療者沒有意識到上述所討論的心理現象，那麼學習障礙或各種其他身心障礙，也可能會給治療者帶來類似的挑戰與困難。

學習障礙對當事人所造成的情緒負擔已經達到崩解的程度，只是這種自體崩解已經變成一種必須忍受的常態，已經是丟不掉且無法覺察的手鐐腳銬，當事人只能日復一日地負重前行。如我先前所說的神入理解之困難，一旦治療者對於他想幫忙的對象之問題嚴重地缺乏理解，他理解上的無能感、無奈感，與挫折感就可能四處蔓延；也可能將這痛苦投射到個案上。治療者可能對個案的表達失去信任，可能將其困難歸因於他的努力不足、動機不夠、懶惰等等；他也可能認為個案想要獲得學習障礙的診斷（次發的收獲）；他或者認為個案的情緒易怒不穩定、自我中心等等，輕忽了自己的不理解與理解困難對個案所產生的情緒衝擊。

　　總體來說，個體差異有時候是非常巨大的，即使是像已經有三十年臨床經驗的我來說，還是深深感覺自己的不足不夠，很多時候個案的困境往往不是自己原先的理解，甚至是超乎自己的想像而有耳目一新之感。如同這一次分享這些心得的緣由，起因是因為自己偶然收到一個學習障礙者的來信，他的信遠遠超乎我的想像。信中的內容洋洋灑灑數十頁，蠻多部分都激起我很大的興趣與好奇，簡直就像一篇學術論文，針對自己的困難進行了很深入的研究。我在驚嘆之

餘，於是就邀請他來看我的門診。這也是我第一次對於有學習障礙的人有了比較深入的接觸，他等於是引領我看見了一塊我所不熟悉的領域。

😊 結語

這篇文章主要在概述一個自體心理學取向的臨床工作者，是如何思考、觀察與學習的。

障礙者的障礙到底是何種性質？

這障礙對當事人的生活產生多大、多久遠的、多廣泛的衝擊與影響？

有沒有什麼困難是需要心理治療以外的工具或專業來協助的？……

而如果需要心理治療的幫助，那就是我們需要仔細評估與嘗試努力的面向。

臨床工作者面對的每個個案，都是一個全新且未知的挑戰；我們頂多是因為面對困難的經驗增加了，所以有了比較多的經驗與學習。學習障礙就我這樣的心理治療工作者來說，我必須坦白說，還有很多需要努力學習的。治療者需要

留意自身的反移情，尤其是負向反移情對治療工作的可能干擾與破壞；但如果可以通過覺察與神入理解，負向反移情也可以是促進治療工作的有用材料。

註解－補充說明

註 1. 一開始閱讀寇哈特的書並不容易，因為那時我們只有英文版本可以接觸。我是因為有幾位精神科醫師好友：林明雄、劉慧卿、劉時寧的幫忙，組織了一個長期讀書會，才能夠克服閱讀原文的障礙與困難，慢慢對寇哈特所說的自體、自體客體、自體客體轉移關係開始心領神會，能夠在我與幾位好友的討論中經驗到他所描述的種種心理現象。在文本理論與現實關係經驗間的出出入入、經驗貼近與經驗遠離，就是精神分析想要努力做到的事。回想起來，當年我閱讀佛洛伊德與寇哈特文本時，所被引發的心理反應差異，或許也反映了神入即使是在閱讀上也具有關鍵地位。

註2. 佛洛伊德的客觀詮釋，就當代物理學的眼光來說，其實是有很大疑問的。因為物理學家海森堡的「測不準原理」，已經清楚地告訴我們，因著觀察者的觀察，被觀察的客體對象必然會受到某種干擾影響，導致所謂的客觀觀察，純粹是一種心理幻想，主體對客體對象的影響從來都無法被完全排除。這也可以反映在精神分析的理論演變上，從以前把治療者的反移情（countertransference）當作雜質而必需去除；現在則把反移情當作是治療中的重要材料而需要加以釐清理解。

註3. 這段話出處是《The New World of Self》（2022），Charles B. Strozier；是 Kohut 寫給 Stolorow 的信（1981）。換句話說，診斷是相對的、且情境脈絡的。一個受苦的人若經驗到神入，可以變成不同的人，甚至是有不同的診斷。精神科醫師常有的經驗是：同一病人若由不同醫師診斷，很可能有不同的診斷；通常病人若與醫師可以建立信賴關係，或者他的病程可以被醫師理解或甚至感同身受，那麼病人的診斷往往就比較偏官

能症、輕度的診斷；反之，若病人很難建立關係，或者他的病程無法被理解或解釋說明，那麼他的診斷就會偏精神病性、重度的診斷。

註4. 有些成語可以描述這種普遍的心理傾向：「因噎廢食」、「一朝被蛇咬，十年怕草繩」。這裡講的是一種來自外界的創傷或過度刺激，導致自體的碎裂、崩解或被淹沒，從此自體為了免於創傷或過度刺激而採取拒絕、切斷與外界連結的態度。這種創傷有時是慢性且小量累積的，有時是一次性且劇烈的，但都可能促使主體（自體）啟動這種心理防衛。這種心理防衛看起來似乎是不好的、阻礙成長的；但如果回到個案自體崩解碎裂的當時，回到他當時所面臨的惡劣情境下，這樣的心理防衛是完全合理且必須的。此刻我們雖然是有意識地說明討論，但深入觀察的話，又有什麼人可以完全避免這種潛意識的心理防衛與傾向呢？

註 **5.** 源自莫娜歐倫史坦（Myrna Orenstein）所寫《被卡住的天才—用韌性釋放被禁錮的才智》，中文版由許豪沖、黃秀惠翻譯。

註 **6.** 這裡所討論的神入失敗，寇哈特稱之為「恰到好處的挫折（optimal frustration）」，溫尼科特（Winnicott）也說「足夠好的母親（good enough mother）」，講的都是類似的概念與心理過程。只有通過挫折，我們才會真正意識到現實與幻想的落差，而在經驗失落的同時，可能幻想／想像替代的滿足，這可以說是某種過渡空間／過渡客體的心理運作。這種過渡空間的存在，也開啟了自體的心理世界。

註 7. 我有一個心理治療的女性個案，她到了研究所階段才被確診有「閱讀障礙（dyslexia）」。這麼晚才被發現並確診她的學習障礙，可見她從小到大曾經歷多少痛苦煎熬，只是她就是咬緊牙關不放棄地拚命唸書。她認同她父母所說的「妳就是不夠認真努力」的評語，於是就拚命三郎式的努力學習；即使花比別人多幾倍的時間，她也決心要達到優秀的成績。這裡我沒有想詳細說明其病史。只是這病人再一次讓我理解到：人的自體、自我評價受到父母的影響有多麼深遠，她就算遭受不合理的要求與苛待，她就是要努力來讓父母對她滿意。這樣的模式延續到她的婚姻裡；即使她後來在婚姻中遭受先生多年的虐待與暴力，她還是一心想要努力來讓先生滿意：「只要我再多努力一點，或許我的婚姻就可以改善了。」

張菀芹

學障特質故事分享

簡 作者 介：

張菀芹（平面繪畫藝術家）

- ✓ 水墨畫家
- ✓ 平面設計自由接案
- ✓ 部件意義化識字教學有生命的漢字教師
- ✓ 特教家教
- ✓ 高級中等學校美術科教師資格
- ✓ 國立台北藝術大學美術系水墨組
- ✓ 國立台中第一高級中學美術資優班

〔繪本插畫製作〕
　　繪本《有生命的漢字繪本》、《注音符號的來歷與教學》

〔臉書粉絲頁：苔米工作室－菀芹老師〕

前言：

　　我是一名自由工作者，斜槓青年。我的工作包含私人家教、藝術家、平面設計。同時我也是一名學習障礙者，我曾在國小時期拿到特教身分，並於國小資源班接受特教資源。可惜的是，在我國中重新鑑定特教身分時，學障身分被取消，因此自國二開始便失去特教資源輔助。失去特教資源後，當然讓我的學習狀態更無助，但我長時間去了解自己的學習困境，也使用許多不同的方式學習，終於掌握了適合自己的學習方法與技巧。

　　有感於學習障礙者的學習之路，實在比普通人多了很多挑戰，在大學受過教育訓練的我，也決定開始作為學障者的家教老師。我日積月累的學習技巧、日常生活常規訓練，也能夠幫助這些年輕的學障者突破困難點，讓他們免去大量悶頭摸索、迷惘的時間壓力與情緒壓力。本篇將簡單介紹我個人常用的學習策略，給大家參考、納用。

我的優弱勢與學習困難

☺ 我的優勢

» 後設認知與反省能力：

　　我自己的後設認知強，隨時隨地反省自己的工作效率與效能。這樣的特質讓我可以自主嘗試一些學習法、溝通技巧，並在事後評估其有效與否，再篩選某些對我自身較為有效的技巧長期使用。

» 畫圖專長與圖像記憶：

　　很多學障者都有很強的繪畫能力，對於圖像也很感興趣。我也是如此熱愛畫圖，因此從小立志做藝術家，雖然直線畫不直、圓形畫不圓，卻仍能生動地描繪情境。因此，作為我少有的強項，不管是在日常生活、出社會工作、在學讀書，塗鴉和圖像記憶法都是不可或缺的能力。

☺ 我的弱勢：

» 聽知覺困難：

　　雖然生理上聽力並沒有問題，但我的聽理解跟記憶很差。這讓我在課堂上很吃力，更不用說學校老師的上課方式通常是講述法，還常常沒有簡報圖解。而且，我聽訊息不容許有背景雜音，不然就會什麼都沒聽進去，所以我通常是在安靜的環境裡讀書（連圖書館有人走動的聲音也不行）。

» 視知覺不佳：

國小低年級在學字時，多一劃少一劃都看不出來，現在身為老師要改作業，也看不出來學生有沒有寫錯，實在很尷尬。即使是繪畫專業，視知覺也有影響我的繪畫課業，以畫素描這種要求高度正確比例的摹繪來說，我總是把人畫的大頭身小或是過度拉長。

另外，我視覺跟動作的配合度也差，球類運動總是撲空或砸到自己；駕駛汽機車速度都要放很慢、小心翼翼。

» 記憶力不佳：

在記憶力方面，我記憶圖像、電影氣氛上很拿手，但是，短期記憶、硬記、硬背的能力很差，記憶廣度很低。通常對一般人來說很基礎的練習，比如：背單字、背唐詩、記地名、記人名……但對我來說就是災難，絕對不會有任何效果。

克服阻礙的代償策略

☺ 有效方法與輔具

» 圖像記憶：

　　國小時期，我最常使用畫漫畫的方式來促進我的記憶。由於我非常不能夠死記硬背，因此，把課本的知識重點用「圖表」或「漫畫」來表現，對我來說是非常重要，大概也是唯一可行的方式。雖然用自己的方式繪製圖解漫畫會多花點時間，但比較能夠長期記憶，不容易忘記。

　　例如：我要記憶一段古詩詞，我必須要繪製成圖解漫畫的方式，來幫助長期記憶。

碧水東流至此回
兩岸青山相對出

» 心智圖：

　　我的腦袋習慣跳躍式思考，所以學校要求用線性的思維排列故事、書寫作文，就成為了極困難的一點。因此，我會自己畫出心智圖、樹狀圖來解析自己腦內的元素，自由地將創意輸出，待創意發想的圖表（心智圖、樹狀圖）完成後，再把每一部分分類、區分時間順序，組合成一篇時間線合理、包含起承轉合的作文。

　　甚至，在我情緒不佳，迷惘的時候，心智圖也是一個很好整理思緒、尋找解決方案的自我探索。這個技巧讓我清楚的知道自己所處的道路與方向，便不會任由情緒擺布。

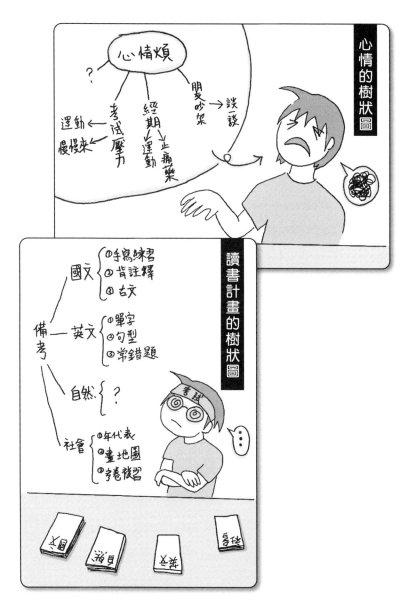

» 記事本、時程表：

　　我的腦袋堪稱金魚腦，記憶力奇差無比，不管在學校或是工作場域，這都是挺吃虧的。以前，國小學校老師會要求寫聯絡簿，現在雖然沒有人要求我寫下每日作業，我仍覺得用筆記本把待辦事項記錄下來是一個極好的輔助方法，事項記錄完就不必耗費腦力去記憶細節，可以讓自己專注思考當下的工作。

» 條列複述法：

　　總是聽不清楚師長、上司的話，外加記憶力不好，我清楚地知道自己的弱勢所在，所以我都會用自己的話重複一次對方交代的事項，同時搭配筆記本條列式重點紀錄，讓資訊更簡潔、有條理。不論是老闆吩咐工作、媽媽交代買菜，只要有聽不清楚的可能，都使用複述與條列法。

» 指讀、直尺：

目前我在閱讀方面並不會有很明顯的問題，但兒時會比較容易跳字、前後字對調、跳行。如果在閱讀書本時，使用手指或筆尖一個個字指讀，或是使用直尺、白紙等物件，遮蔽不想看到的其他行文字，即可大量避免跳行、跳字的狀況發生。

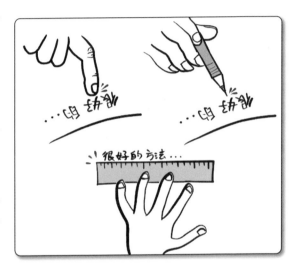

» 放大字體與行距：

對於觀看文字的舒適感來說，字體、大小、行距都是重點。有閱讀障礙的朋友，視線在連貫字句就有困難，比一般人更需要舒適的、量身訂做的字型設定。儘量避免過粗（例如：娃娃體）、過細（例如：新細明體）等增加辨識困難的

字體；每一行的行距加大可以避免跳行；字的大小應詢問閱讀者的觀看舒適度去調整剛好的尺寸。

» 知識型影片與有聲書：

嚴重閱讀障礙的困難會影響孩子的讀書意願。除了在閱讀過程中安排分段休息、獎勵，知識的汲取不一定要用文字吸收，還有許多動態影片、有聲書、實際操作等學習資源可利用，不要讓閱讀困難壓垮了孩子的求知慾。

☺ 結語

學障所帶來的困難是一輩子的，但並不代表不能學習，透過合適的輔具與不同的學習法，一樣能夠像普通孩子一樣追逐夢想，想讀書進修也能夠去達成。更重要的是：我們需要促進一個對特教生更普遍理解、包容的環境，讓孩子可以更無壓力的使用不一樣的學習法、多元評量，勇於成為不同，來支持自己的學習。

康維真

學障特質故事分享

簡作者介：

康維真（特教老師）

- ✓ 國立馬公高級中學畢業
- ✓ 國立臺灣師範大學特殊教育學系畢業（公費生）
- ✓ 教師證書—中等特教身障
- ✓ 教師證書—中等特教資優
- ✓ 美國禪繞認證老師：Zentangle® Art CZT Asia#18
- ✓ 目前在澎湖縣中正國中擔任特教老師

　　國小時看起來很「兩光」，常粗心又常常不專心，跳健康操總是左右相反又忘記動作；國中後看起來稍微「精光」一點而且還會演講；高中最喜歡物理跟地球科學，學測自然考得最好。誤打誤撞進特教系後，發現自己有好多學障特質，當特教老師後沉醉於小孩的開懷大笑，工作壓力大時，喜歡畫點 Zentangle 再跟孩子們鬥鬥嘴。

〔佛系經營中的社群媒體〕

Facebook：康維真

Instagram：SPE_ZEN

前言：

　　非常開心有機會能撰文分享自己與學習障礙特質共處的故事，回首來時路，我心中充滿感謝！感謝媽媽盡力指導與陪伴我；也感謝小學時，翁老師和嬸婆指導我上臺說故事，奠定我上臺演講的基礎。現在這些感謝化為祝福，祝福閱讀後的你，不再孤單徬徨。

　　我在求學的過程中，從來沒有做過學習障礙或是資賦優異的鑑定，大概是因為我的成績至少都有中上的表現，再加上當時特教知識並不普及，所以我讀特教系之前，沒有想過自己有學習障礙的特質，大概就是媽媽可能覺得我做事很粗心、認字和寫字能力不佳，常打趣的說「我眼睛有問題」；老師可能覺得我是個聰明、但是考試經常粗心的孩子。

　　我的母親是一位非常盡職的媽媽，小學我每次考試，媽媽都會在考試前盡心盡力幫我複習，或是檢視我的複習成效，幾乎不可能考出我不會的題目。但我卻經常因為題幹沒看清楚、數字抄錯、忘記國字怎麼寫，以致沒考出應有的好

成績。母親總是灰心又生氣,她常說:「我比妳同學的媽媽更認真陪妳複習功課,妳又不是不會,為什麼老是粗心寫錯,比妳笨的同學都考得比妳好,媽媽沒在管的同學都比妳更認真,考得比妳更好。」先排除媽媽盛怒之下的部分偏見,每每媽媽這樣說的時候,我總覺得我讓她的努力白費了,甚至是做了很對不起她的事,因為我的成績好像讓別人認為她是不負責的媽媽。我每次考試前後總忐忑不安,怕自己哪裡又粗心寫錯讓媽媽難過。

打開這本書的你,如果正在經歷類似的問題或正認真陪伴孩子面對這些特質,一路走來的我,好想溫柔的抱抱你,跟你說你並不孤單,你不是不認真也不是不夠好,沒有人是完美的,每個人都有自己的問題需要面對,即使我現在成為老師,我依然在與我的學障特質共處,有時會不經意的被這些問題絆倒,但幸好不是第一次,爬起來就好。希望我的故事和策略,能夠提供給大家一些選項來面對自己或是陪伴孩子面對學障特質,我的策略不一定適用在每個人身上,大家可以多方嘗試,最重要的是希望我的故事,能讓書前的你感到溫暖與被支持。

壹、學習阻礙、困難與代償策略

☺ 一、左右分不清

» 困難的反應表現：

無法直接反應左邊、右邊是哪邊，需要先思考右邊是拿筆的那隻手，然後再思考右邊的相反是左邊。

記得小學低年級的數學課在教左右邊時，我在學校上課都學不會，是媽媽利用課後時間教了我好幾個晚上，才終於讓我有初步概念。然而考試題目通常不一定會直接考左右邊，有時會搭配人物的相對位置問左右邊，所以在這類型的考試時，我總是需要比別人更多的時間作答。

　　後來課程內容進行到東、西、南、北四個方位時，更是難倒我了！還記得老師當時用同學的座位進行問答，例如：「A 同學的東邊是 B 同學，所以 A 同學在 B 學的哪一個方位？」這樣的題目對當下的我而言，根本如同外星文一樣難以理解，而且因為我在其他學習方面的表現都很好，老師也覺得我是個聰明的孩子，所以預期我應該很快就學得會。我當時超怕被老師點到回答問題，因為如果我無法答對題目，那想必老師會認為我上課不專心所以才學不會，絕對不會想到在其他方面表現出色的我，竟對於方位的判斷上有困難。

　　離開低年級之後，極少再出現方位或左右相關的題目，但團體生活中許多指令都與左右相關，雖然我在聽到指令時，無法馬上反應左右，但幸好我懂得跟著大家的動作，看同學往右我就往右，看同學往左我就往左，雖然偶爾慢半拍，但還算管用。

　　自高中畢業離家到臺北求學後，生活中的路線網及交通網一瞬間複雜許多，我即使是看著 Google Maps 導航也經常走錯路。我解碼地圖和認路速度格外緩慢，所以若要到一個陌生的地方，我都要預留許多交通時間（走錯路不斷往返的時間）。有一次到英國自助旅行，我從民宿到地鐵站 5 分鐘

的步行距離，即使連續 10 天往返，每一天都仍然需要透過 Google 地圖才能順利抵達。

　　大學畢業回澎湖之後，需要使用汽機車代步，大學時期雖然經常走錯路，但一邊用 Google Maps 找路，一邊走路還算安全。可是在駕駛汽機車的同時，我很難一心二用，一邊注意路況一邊導航找路，所以同樣的路線，我除了在家中 Google Maps 之外，還要請一位熟悉路線的家人坐在副駕的位置幫我指路，即使是常用的路線也要花上八九次才能記住；若正好預定行駛的道路封閉得更改路線，我就會更加混亂，因為我腦中的地圖已經亂掉，所以就會需要路邊停車重新導航。

» 代償策略：

　　使用 Google 街景模式，直接讓 Google Maps 告訴我該走哪一條路。手機充飽電、出國網路買吃到飽、隨時 Google 定位確認位置和方向、多向路人問路、開車時，請坐在副駕位置的乘客幫忙口頭報路……對於經常會去到的地點，沒事的時候多造訪，免得不小心忘記該怎麼去。

☺ 二、數字及順序常看錯，知覺速度慢

» 困難的反應表現：

　　小學時我的成績算不錯，但考試時經常在一些簡單的題目上出錯，老師和媽媽都認為我是粗心大意、題目沒看清楚，偶爾對我斥責幾句。但我看錯題目的核心問題在於：「我對於符號上下左右的辨識能力很弱」，例如：9 會看成 6，96 會看成 69，考試時經常看錯數字，當然也造成答案寫錯。

　　到臺北讀大學之後，公車成了我主要的代步工具，但我常常會看錯公車的號碼，例如：把 568 號公車看成 685 號公車，這也讓我常常搭錯公車，通常要到我發現站牌名稱跟 Google Maps 上所顯示的差很多才會發現，這也讓我浪費了很多錢和時間在搭錯車上。

　　後來需要使用 ATM 轉帳，因為帳號的每個數字對我而言看起來都很像，要在 ATM 上打一連串的數字而且又不能出錯，對我而言是很大的挑戰！我經常在 ATM 前，再三檢查輸入的帳號和金額，後面等著使用 ATM 的人大排長龍也讓我心裡壓力很大。

» 代償策略：

　　在心中默唸看到的數字，考試必要時，會用筆點在每一個字上，確認自己每一個字都有讀到；或是會特別把數字圈起來（知道自己特別容易抄錯數字）；寫算式的時候多看幾眼，多檢查幾次。

☺ 三、語詞前後顛倒

» 困難的反應表現：

　　朗讀文章時，經常會把文字的順序看相反，例如：更變和變更、岳小鳳和鳳小岳。這讓我在語文競賽的時候，很怕參加朗讀比賽，因為唸錯字扣的分數很重，所以我後來都直接參加即席的國語演說比賽，因為沒有既定的稿子，所以也就沒有唸錯的問題，我還可以按照自己的想法和自己的架構來呈現我的演說，這也讓我對國語演說越來越感興趣，一直到現在都還願意以選手的身分去比賽。

» 代償策略：

用手指頭跟著自己唸的聲音慢慢地指出來。

☺ 四、文字和單字識別能力弱

» 困難的反應表現：

小學的時候，媽媽在家都會幫我複習功課或模擬考聽寫，媽媽發現我都不會寫國字，甚至是學校教過的生字我都不太會寫。幸好媽媽是國文老師，雖然沒有受過特殊教育的訓練，但她用文字學的基礎，幫助我記得國字要怎麼寫。就媽媽的觀點而言，她覺得正常的孩子看過幾次、也練習寫過的國字，就應該要會寫，當時沒有書寫障礙的相關知識提供給家長，所以媽媽覺得我是因為不專心或不用心才寫不出國字。

「國文老師的小孩怎麼可以寫不出國字！」媽媽緊張極了，所以考試之前都非常認真的幫我複習，甚至比我準備考試還要更認真。每次我遇到不會寫的字，媽媽就會拆解字的結構和部件，想一些好記的方法讓我記得，例如：我經常忘

記親愛的「親」右邊是「見」，媽媽就教我說要「親別人的時候眼睛要睜大看清楚，才不會親到狗」；我也經常分不清楚「簿」和「薄」，媽媽教我這樣記：「以前的書是用竹片編成的，我們的作業簿和書本形式類似，所以作業簿的「簿」上面是竹字頭……」果然，用了這樣的方法之後，對我幫助很大。

記得小學二年級，老師在國語課上圈圈詞作業的時候，我經常找不到老師說的字詞在課文的哪裡，還要偷看旁邊同學的筆記；上了國中之後，老師就比較少再出這樣子的作業了。不過每次考國字怎麼寫的時候還是讓我很苦惱，只能盡可能在其他題型上多得分。

到了小學四五年級還是很多國字不會寫，只能寫注音，很多字詞我會認、會講也會運用，但是就是不知道國字該怎麼寫，有時候就算用注音查字典，也不知道是哪一個國字，這顯示出我對於字型的敏銳度真的很低。

小學學習英文時，英文字母沒辦法從左邊開始讀，例如：看到 saw 會唸 was。於是，媽媽做了英文字卡，希望可以讓我常常看到英文單字，進而記得，但成效不佳！我覺得對我而言，比較有效的是：我自己在心裡面把單字從左到右拆成

不同的字，例如：saw 拆成 s~a~w~，然後再在心裡默唸，這樣我比較容易想得出這個英文單字是什麼意思。雖然我覺得這是個有效地方式，但也會讓我在閱讀文章時比別人花更多的時間。

» 代償策略：

　　我可以透過比別人多更多有策略的練習來記得國字該怎麼寫，這要歸功於我的母親，她運用了正確的策略也願意花時間陪我學習，我現在的書寫與同儕相比沒有差別，雖然有時候還是會臨時想不起來某一個字要怎麼寫，但因為科技日新月異，手機越來越方便，隨時查一下都是可以被接受的；也因為現在打字的人越來越多，有些非書寫障礙的人也慢慢忘記國字怎麼寫，所以就讓我這樣的情況不再成為異類，也算是科技進步的另一種優點。

　　至於英文單字的部分，雖然是我的弱勢，但是由於在英文口說的部分，我能夠流利的使用我知道的單字（即使我不確定我能不能完美的把它拼出來），不論是在日常生活或旅遊當中使用到口說的機會很高，所以也讓離開以考試英文為主的校園之後，常常讓人誤以為我英文各方面都很好，所以拼字的部分也就不再會造成太大的困擾了。

☺ 五、協調性不佳

» 困難的反應表現：

球類運動……我永遠都接不到球，不論是羽球、籃球、樂樂棒或桌球，體育考試我的成績總是敬陪末座！更慘的是，班際體育比賽，輪到我不得不上場時，我經常失誤丟掉分數，雖然並非故意，但仍造成我很大的心理壓力，我總怕因為不小心丟了分數而成為眾矢之的。我想是因為我手眼協調不佳，沒辦法預測球掉落的位置，當然也就沒辦法接球。

» 代償策略：

求學階段若有相關的考試，我必定會在上課期間瘋狂練習，至少要讓老師看到我的努力，這樣一來，即使我技能考試分數很低，老師也可能會看在我學習態度良好的份上，給我多一點分數。

貳、給學障生與父母、師長的建議

☺ for 學障生

» 面對自己的學障特質。

　　無論是對父母、老師或孩子而言，學習歷程中頻繁的挫折都讓人感到無力。回想我的求學經歷，我明明已經比別人付出更多的時間和心力，但成果卻不如人。我在理解、推理等其他能力都優於同儕，老師跟父母很合理的推論我在學習上沒有困難，也同時預期我的學業成就會高於同儕……這些對我而言，都是很大的壓力。要克服困難的首要步驟是：「發現困難」！媽媽在幫我複習國語聽寫時，就發現我的核

心困難在於「寫字」，於是媽媽就協助我克服困難，以部件的方式協助我記得每個字有哪些元素，進而協助我記得要怎麼寫。感謝當時媽媽面對我的學障特質，並提供我克服的策略。

» 克服弱勢，發展優勢

有許多學習障礙的特質是我需要去克服的，但是在理解、推理能力以及上台演講的臺風上，我是優於同儕的。所以我積極發展自己的優勢，作文比賽寫錯字會被扣分，我就參加即席國語演說比賽……每個人都有自己相對的優勢和弱勢，在克服弱勢的同時也要發展優勢，因為每個人都渴望被鼓勵與讚美，當接收到鼓勵與讚美之後，自我價值提升，學習的意願會更加強烈，克服弱勢的意願同時也會提升。

☺ for 父母和師長

　　「優秀的孩子也能有弱勢」。身為家長或老師經常會被提醒：「不要因為一個孩子表現不好，就全盤否定他，要看到他的亮點。」同樣的，在一個優秀的孩子身上，也可能會有弱勢或需要克服的困難，如果師長們在優秀的孩子身上都只看到他的優勢，那會讓他在面對弱勢時得不到應得的協助，也會讓他在心裡產生極大的壓力，因為父母與老師都預期他該有的優秀表現，但他卻可能因為天生的弱勢難以達成。所以，希望老師們和父母們能以客觀的角度，看待每一個孩子每一個方面的發展，讓每個孩子都能發展優勢、克服弱勢。

黃姿文

學障特質故事分享

作者簡介：

黃姿文（特教碩士生）

〔就學經歷〕
- ✓ 國立臺灣師範大學特殊教育所資賦優異組碩士生
- ✓ 國立高雄師範大學特殊教育學系身心障礙組學士

〔資優學障經歷〕
- ✓ 碩班經鑑定取得學習障礙特教身分
- ✓ 學前經鑑定取得提早入學資格

〔專業相關經歷〕
- ✓ 中華高等教育暨障礙學會成員
- ✓ 中等教育階段特殊教育教師證書
- ✓ 魏氏兒童智力量表（中文版第四版）課程證書
- ✓ 師資生補救教學培訓課程證書
- ✓ 家教及課業輔導（特教或數學）：國小到高中數學、大學統計學。

〔志工經歷〕（積極參與各式志工，以所學回饋社會）
- ✓ 補救教學志工：高師附中、善慧恩社會慈善基金會。
- ✓ 特教志工：高師大特教系特教服務隊、高雄市接納自閉症學會、雅文兒童聽語文教基金會、天使心家族社會福利基金會。
- ✓ 性平志工：台灣伴侶權益推動聯盟、與友人共同創辦性平粉絲專頁（平頭女孩長髮男孩－勇兒）。

 IG　　FB

前言：

　　我具有資優學障「特質」。只能說特質，是因為自己並非典型資優也非典型學障生，因此是否為資優學障者，仍有爭議。

　　資優特質方面，在學前接受「魏氏幼兒智力量表」修訂版（WPPSI-R）測驗，測得全量表 IQ132 ／ PR98，達到一般智能資優之智力水準，得以提早入學；但求學階段一直沒有再申請資優鑑定，所以沒有得到資優的正式身分及特殊教育服務。

　　求學中，提早入學光環，讓我一直被師長及同學認為是理所當然成績好的「資優生」，若成績不好是不夠努力。從求學階段到現在，我也一直有著 Dabrowski 智能過度激動的特質，包含：喜歡思考各式問題的因果及改善方式、堅持要解決困難問題等，但在不了解資優特質的環境中，常常被老師與同學視為愛提問的「問題學生」。雖然我在就讀碩士時，所做的「魏氏成人智力測驗（WAIS-IV）全量表」分數只剩

IQ109 ／ PR73，但知覺推理指數（PRI）仍達 PR97，可以說具備些許資優特質但並未受鑑定，未被環境正確接納，也未獲得特教服務發展潛能的機會。

學障特質方面，在我就讀碩士班時，教師發現我的學障特質，於是推薦我接受鑑定；直到碩二下才鑑定結束，獲得學障的特教生身分。過去有關學障的困難有：考試和作業常寫不完、國小注音聽寫不及格、國中 bdpq 分不清楚、英文的發音和文字難以連結等，以及到現在還是常常想不起來國字的兩點撇哪邊（例如：冬、寒、於）、運筆不穩、文字像幼兒或國小生的字（直線微抖且部件比例不均）等，並在魏氏成人智力測驗（WAIS-IV）處理速度指數（PSI）僅 PR6。在提早入學的光環下，學障造成的語文學習困難及知動問題等，一直被師長認為是源於我不夠努力、抗壓性不足夠。

如上所述，在學前到高中之就學階段中，我自己和我身旁的人不了解我的學障資優特質，使我的學習歷程中有著許多風險。回首檢視，是甚麼幫助我呢？我有著幫助我學習的特質，包含：學科表現優、主動學習、學習態度佳、理解力強，以及努力尋找或是碰巧發現的各式學習策略，還有家人

出面向教師協商我的功課量，使我獲得作業量調整……這些特質及家庭環境支持，使我得以持續學習；還有在國小、國中時我受到同學們排擠，被排擠的困境讓我學習到我無法討好身旁的所有人，使我形成適當的社交觀念，也學會獨處的方法以及把握願意當我朋友的人。

很榮幸和各式資優學障者共同出書分享，藉由這次機會整理我的優弱勢分析與代償策略讓大家更認識學障資優特質，並且可以參考對應策略幫助資優學障者。

歡迎提問／聯繫：黃姿文 sqq1655@gmail.com

我的優弱勢分析與代償策略

以下分成生活、知動、讀寫、形音義連結、注意記憶、學習態度、社交等面向,列點描述我的優弱勢、對應的代償策略或因應方式,以及其注意事項。

代償策略與因應方式不同;代償策略能直接解決困難,因應策略是在環境不接受調整、也找不到直接對應策略時,為了生存、應付,而衍生的因應方式。

☺ 一、生活策略

» 1. 認路及地理位置

▲ 優勢：空間能力好，可以藉由比對地圖與環境、看指標，找到路。

▼ 弱勢：心像能力不好、記不得路；即使常走的路，也不一定畫得出地圖，或在月台的哪個方向搭車，每次需要都得重新確認。

代償策略 使用 Google map 即時比對，需要時還可以開啟定位功能。

» 2. 聽知覺問題

▼ 弱勢：聽口語會跳字、難以思考。

代償策略 因此需要書面簡介、講義、拍照記錄，或是自己寫單詞筆記，可以藉由字詞關係串聯說話者表達意義；參與會議會主動做會議記錄。

注意事項 用習慣之後，如果不能拍照或筆記會很焦慮。

» 3. 生活反應／動作慢

　▼ 弱勢：你想得到的所有生活動作，我都慢，如：吃飯、
　　　　　刷牙、洗碗、上廁所、出門、走路、洗澡、洗
　　　　　衣服等。

代償策略

1) 提早準備：家人使用半小時出門，我可能需要兩小時
　　前就開始起床準備。

2) 家人包容：因為我很常需要和弟弟一起出門，通常弟
　　弟都準備好了，但是因為我動作慢，所以去參加活動
　　或者是去學校上學都會遲到。我現在長大問弟弟說：
　　「你會不會覺得被連累？」弟弟說：「不會，我覺得
　　很有優越感。」所以很感謝我弟弟不怪我，而是看到
　　自己的優點。另外，我的父母也願意在我上學遲到、
　　趕不上公車校車時，載我去學校。

3) 找省時的方法：例如：我剪掉頭髮；平頭真的可以省
　　掉洗澡和出門的時間。

　注意事項 如果因為社會觀點、家人看法，而難以放手
　　　　　　　剪短頭髮，可以評估剪髮效益與麻煩，再做
　　　　　　　選擇。詳細可以搜尋我在剪平頭之後和朋友

一起設立的FB/IG粉專「平頭女孩長髮男孩－勇兒」，參考裡面關於髮型的觀點、影響，也可以私訊諮詢。

☺ 二、知覺動作策略

» 1. 速度

1) ▼ 弱勢：動作慢時間不夠用。

代償策略 根據個人價值觀取捨時間使用，例如：覺得身心理健康重要，其他做不到的事可以放在人生清單，待有時間再執行。

2) ▼ 弱勢：抄筆記慢、注音容易打錯或寫錯。

代償策略 寫字會借用課本的字，課本沒有的字會寫在課文旁；打字很常用複製、貼上，減少打字時找按鍵的時間，以及減少打字錯誤率，或用拍照／截圖。

3) ▼ 弱勢：學習速度慢；老師如果持續講課，頭腦負擔很重、難以好好理解。

代償策略 上課多發問發言。老師願意回答時，就可以達
到放慢上課速度的效果，同時多了很多聽覺或
視覺回饋，讓我可以確認自己的學習內容是否
有誤，達到多感官學習（視覺、聽覺），並增
進教師認同；老師們覺得會問、會回答的學生
比較認真。

注意事項 我很幸運遇到願意讓我發問發言的老師，有
些老師不一定給予上課發問的機會，可能只
能接受下課提問，或是沒有發問機會。

4) ▼ 弱勢：難以負荷作業量。幼稚園的作業其實只要寫
幾行字，但當時我卻已經有功課壓力，由此
可知，我明顯比同儕更沒辦法負荷作業量。

代償策略 幼兒園的時候，媽媽會握著我的手寫作業。

注意事項 這個策略需要家人有空陪伴，如果家人沒空
陪伴，可能需要請家教或向安親班協調安親
方式。

⚐ 因應方式：

① 抄講義的解答：國中時每天每科目都有好幾頁的作
業，我當時的方式就是抄講義的解答，因為我如果

自己慢慢想、慢慢一題一題寫的話，會寫不完。

注意事項 抄講義解答來應付功課雖是我的生存方式，但這樣會害我沒辦法藉由寫功課來學習。

② 寫通宵的方式：我國中時犧牲很多睡眠時間寫功課，功用是增進家人認同，但不一定能因此寫完。

注意事項 犧牲睡眠時間則須注意身體健康，有可能會寫太晚，甚至寫到在桌上睡著，造成我現在有無法挽回的脊椎側彎；我有另外一位也是犧牲睡眠的朋友，他大學時已經全身一堆慢性疾病。

③ 常請假：每週大約請假一兩次，目的是用來休息或是來寫功課，但請假通常用頭痛、肚子痛的理由。

注意事項 學生請假多，應啟動輔導機制，雖然老師要相信學生，但是也要有警覺。某些縣市好像會注意這件事（請假多啟動輔導機制），但是我那個時候沒有。要儘早確認學生到底什麼狀況，因為例如當時我一周請一兩天，真的很多了，應啟動輔導機制，儘早發現學生困難，協助改善，以免學生輟學。

代償策略 還有家人出面向教師協商我的功課量，使我
　　　　　獲得作業調整，得以減少作業量。其中很重
　　　　　要的是：需要親師願意協調，若能提早接受
　　　　　學障鑑定，就能由特教老師，正式進行作業
　　　　　量協調。

5) ▲ 優勢：熟悉元素符號。

　　▼ 弱勢：寫字速度慢。碩班二十幾歲鑑定學障時，我
　　　　　　的知動測驗抄寫速度結果相當於小五女生，
　　　　　　更何況在更早以前。

代償策略

① 縮小寫字字體，這樣每個筆劃可以短很多，也可以
　加快速度。

② 減少筆畫。大家常用前三種，包含：英文、注音或
　簡體字來減少筆劃。我自己特別會用 (1) 心或愛可以
　畫心形；(2) 元素符號以下，舉例：高鐵、鉛筆、銀行，
　還有 (3) 我自己發明的火星文，可以一筆劃完成，所
　以我省了提起筆的時間、省了好幾個筆劃，就可以
　增加速度，舉例：紅、黃。（如下一頁圖示。）

高Fe　Pb筆/C筆
Ag行　ㄥㄥ☆

注意事項 火星文的部分我只求那個「形」，所以每次寫字可能長得不太一樣。我現在最常用的就是紅、黃，因為每次樣子不同，所以這個方法只能用在自己的筆記，不能用來交作業。

6) ▲ 優勢：喜歡整理相似相異。

　▼ 弱勢：考前手寫複習讀不完。

代償策略 平時重點筆記，考前只用「看」和「想」複習。還好家人出面向教師協商我的考前復習方式，使我可以只用看的進行考前複習，不需寫出複習過程。

注意事項 需要親師願意協調，若能提早接受學障鑑定，就能由特教老師，正式進行作業量協調。

7) ▼ 弱勢：考試寫不完。

代償策略 只寫重點，例如：文科濃縮字句、數理科簡化算式。比如要寫五六行的算式，我可能只寫三四行，這樣我就可以省兩行的時間。

注意事項 如果遇到有些講求固定答題方式的老師，例如：要求一定字數或固定順序解題，較難使用此策略。

» 2. 協調

1) ▼ 弱勢：身體協調不佳，不擅長需要協調或速度的運動，例如：球類運動、跳舞、需要合作的運動。

代償策略

① 多嘗試各式需要協調或速度的運動，找適合自己的運動。我參加過許多運動社團，例如：桌球、羽球、合氣道等，可以感受到我跟自己比有提升，身體狀況好很多，但是還是比同儕弱。

注意事項 設定簡單運動目標。一次半小時的運動如果太累，可以選擇十分鐘以內的運動，有動總比沒動好。先建立運動習慣即可，運動量不

需要急著達到，逐步建立才可以長久。

② 找尋有耐心、願意等待、願意重複指導的老師或同儕，或使用網路運動教學影音，可調降速度，或按暫停。

注意事項 尋求專業。多方嘗試仍難以勝任時，可以詢問專業人員，例如：教練、治療師、體育老師，選擇低複雜度、重複性高（較少變化）、速度慢的運動，例如：瑜珈、重訓、治療師安排之動作訓練。

③ 剪短頭髮。可以減少運動後洗澡時間，增進運動意願。我在剪頭髮之前我大概一個月運動一兩次就不錯了，剪頭髮之後我超愛運動，每天都可以動一下。

2) ▲ 優勢：創造力和視覺空間還不錯：跟同儕比起來我具有敏覺力高、獨創力高、精進力高，也就是有較細緻的發現覺察能力、作品獨特性、作品完成度，視覺空間是智力測驗的時候有PR95。

▼ 弱勢：打字、寫字速度慢，且字形歪歪的、沒有很

正還有手部肌力弱，放假十天寫字就會發抖

（如下圖）。

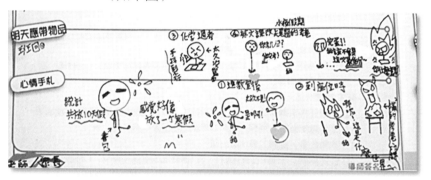

代償策略

① 多練字、復健。

② 喜歡也擅長畫畫、幫娃娃做衣服家具、做立體卡片，

（如下一頁圖示），作品下面的紙卡只有名片大小。

然後我做這些東西都是可以把名片大小的底卡對折

起來可以壓扁的立體物件，然後打開可以蹦出來，

而且這些形狀都不規則，剛好藉此增進精細動作，

只是在速度部分我還是很弱。

注意事項 但是只能提升，不會完全與一般人相同。

» 3. 肌耐力

▼弱勢：手沒力，寫字、打字會痠。

代償策略

① 訓練器材可選擇握力器（只練到手掌）、復健球（才
有練到手指）、樂器（增加手指肌力訓練的趣味性，
也能培養興趣）、美術用品（有作品增加成就感）。

② 運動可以選擇撐地板的動作，例如：平板支撐、伏地挺身，重要的是，核心肌力穩定也有助於書寫，所以可以多做核心運動。

③ 若訓練仍難以改善，可以培養非慣用手做精準度要求較低的事，分擔慣用手的負擔，例如：擦屁股、拿取物品，精準度較高的事可以有空時少量練習，例如：吃飯不趕時間可以使用非慣用手拿筷子夾一兩個東西，訓練久就能用非慣用手拿筷子吃飯了。

④ 找個人助理、學伴、朋友、兄弟姊妹等協助，需要建立互相幫助的關係，或是給予協助者相對應的報酬，例如：金錢或是志工時數，避免令受助者將他人幫助視為應該。

注意事項 每個人需求不同，個人化之訓練方式或替代方法可以諮詢復健科醫師、物理治療師、職能治療師。

» 4. 體能

1) ▼ 弱勢：心肺能力弱、容易喘，例如：只是換教室走樓梯，到達教室時已經氣喘如牛了。

代償策略 可以做有氧運動，包含：參加運動社團、使用網路上的有氧運動教學影片、唱歌練心肺。

2) ▼ 弱勢：力量控制差。因為手部沒力抓握，很常摔破瓷器的碗杯盤。

代償策略

① 訓練抓握能力。

② 使用防滑手套、耐摔餐具（塑膠或是鐵製）。

3) ▼ 弱勢：體力不佳、肌肉張力低、血壓偏低。肌肉張力低造成我本身感覺很容易累，以及外表看起來懶懶的。像是我國小畢業時，老師給我的評語是：「每天都在度假。」其實我超努力、沒有在度假。如下圖示，這是我聯絡簿上的日記，那天我和同學都去搬書，搬完之後只有我的手抖、無法施力、痠，但其他人沒事，所以可以看出我跟同儕的差異。

代償策略

① 多嘗試各式肌力運動，找適合自己的運動。

② 剪短頭髮；可以減少運動後洗澡時間，增進運動意
願。

注意事項 在知動方面我有很多的困難，所以我覺得我
需要時，我都會主動向人說明困難。常常因
為我自己有先說，所以大家可以理解我，可
是不一定每次都這麼幸運，有時候向人說明
困難，別人反而覺得我騙人或是找藉口。因
此，可能需要辨別環境是否友善，也需要誠
懇的說明，更需要在其他擅長的部份多付出，
如此才能增進他人接納自己的弱勢。

☺ 三、讀寫策略

» 1. 閱讀策略

1) ▼ 弱勢：長句閱讀解碼耗時。

代償策略 以「字詞」為單位畫重點（如下圖）、表格化、加上箭頭表示時間前後或因果。

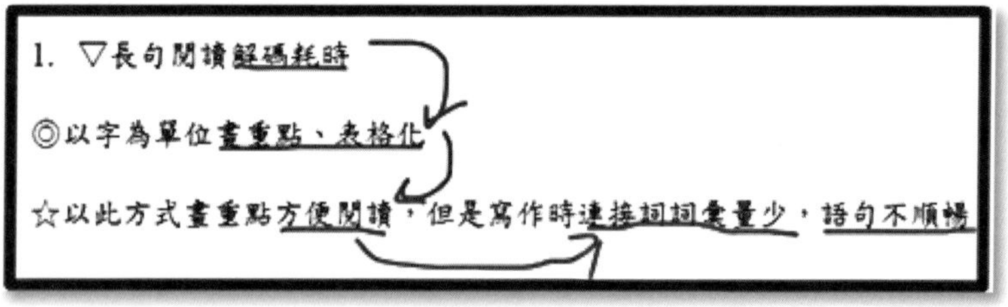

1. ▽長句閱讀解碼耗時
◎以字為單位畫重點、表格化
☆以此方式畫重點方便閱讀，但是寫作時連接詞詞彙量少，語句不順暢

注意事項 以此方式畫重點方便閱讀，但是寫作時連接詞詞彙量少、語句不順暢。

代償策略 若使用此策略後，有連接詞詞彙量少的狀況發生，可參考下圖，將連接詞特別圈出。

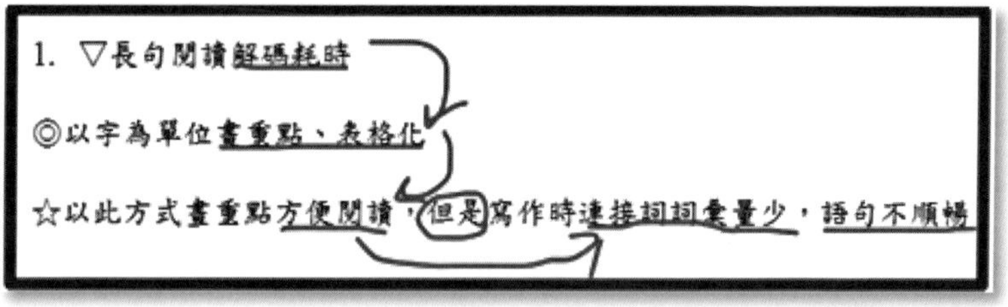

1. ▽長句閱讀解碼耗時
◎以字為單位畫重點、表格化
☆以此方式畫重點方便閱讀，但是寫作時連接詞詞彙量少，語句不順暢

2) ▼ 弱勢：閱讀跳字。

代償策略 重複閱讀該句或該段落直到理解，也需要反
覆確認前後文關係。

注意事項

① 因此需要較長閱讀時間，但可以讀得比別人仔細。

② 還有需要鉛筆畫重點，用框、底線、箭頭表示關係；
用鉛筆是因為沒自信畫對重點。

③ 閱讀速度很慢，若無法重複閱讀或閱讀時間短會降
低理解正確率。

» 2. 書寫策略

1) ▼ 弱勢：國小學不好筆劃，只覺得寫出來的字一樣就
好；到國中放棄學筆畫；到高中會被同學說
筆畫有問題；到大學時教授說字不好看、筆
畫不對會教壞小孩，因此更不敢寫板書。

代償策略 知道筆畫的重要性後，開始拿回硬筆字本，
查教育部筆順辭典練習。

注意事項 會懷疑：「全世界只有老師們和國小學生被
要求筆畫；筆畫有功能性嗎？」

2) ▼ 弱勢：寫字歪、慢。

代償策略

① 幼兒園和國小低年級時，媽媽握著我的手寫字。

② 節省寫字時間可參考速度策略有關寫字的部分。

3) ▼ 弱勢：不喜歡寫字。

代償策略 用畫畫的方式記錄、做日記，例如：前面的
聯絡簿圖片。

4) ▲ 優勢：我稍微可以分辨哪個字正確。

　▼ 弱勢：冬和寒的下面二點，我到現在還分不清楚撇
往左邊還是右邊；「初衷」我會很常把它
寫成「初衰」。

代償策略 寫錯之後我會發現，我需要將兩種可能都寫
寫看，看哪個眼熟，再把它改回來。

5) ▼ 弱勢：我寫和讀 b/d/p/q 都分不太清楚。

代償策略 直到國中有一位英文老師，他教我用手勢學
習，如下一頁圖示，雙手比讚，自己的左手
是 b、右手是 d，雙手一起轉向下的話，從自
己的角度看，就變成 p 和 q。

6) ▼弱勢：作文詞彙排列產出慢、不順。我寫作文或句
子難以一次寫完整，需要修改排列語詞，就
算修改多次的句子或作文，已經花比別人多
的時間，還是語句不一定通順。

代償策略 減少各段字數：所以我會減少各段的字數，
讓我可以寫完起承轉合，只是整篇文章可能
不到半面作文紙，所以我的作文字數都不多。

注意事項 學障特質光譜：寫錯字、認不出字或是閱讀
跳字等讀寫問題，其實一般人在大量文書或
者是很久沒寫字時也會出現讀寫問題，只是
學障之所以具有特教的需求，源於他們連頻

繁書寫的在學時，或寫字量不大時也會發生問題；或是他連學都學不起來，甚至很容易忘記。所以學障特質是一種光譜，有些人嚴重，有些人比較不那麼嚴重，有些人幾乎沒有這些問題。

» 3. 筆記策略

1) ▲ 優勢：擅長比較異同。

　　▼ 弱勢：不喜歡、不擅長心智圖的發散。

代償策略 筆記方式大多使用同方向排列的樹狀圖、表格方便比較。

2) ▲ 優勢：上課很認真吸收老師的文句、重點或筆記，願意一字不漏的抄寫或畫線。

　　▼ 弱勢：自信心低，不確定自己找的重點是否正確。

代償策略 使用鉛筆畫重點、寫筆記，如果錯誤，較方便修正。

3) ▼ 弱勢：在高中以前幾乎所有時間都讀語文，但是我的英文成績是墊底的，所以很常被認為不擅長、不努力。有人說文科考試靠「語感」，

我可能統整語言規律的能力較弱，只看文章難以因此有語感。

代償策略 我喜歡寫歷屆試題，加上看詳解，培養「考感」，提升選擇題的正確性。

» 4. 形音義連結策略

1) ▼ 弱勢：難以記憶英文字母或單字。

代償策略 用觸覺或本體覺幫助多感官學習，包含：手勢、手語、在沙上面寫字、捏黏土、用身體比出那個字。

2) ▲ 優勢：英文讀寫有中級能力。

　▼ 弱勢：英文聽說能力不佳。英文聽說能力大約只有初級能力，覺得英文聽起來像原音，類似蟲鳴、鳥叫、狗吠；可以聽出音高、音量，但難以輕鬆連結英文的音和意，難以聽說和自然發音。

代償策略

① 需要視覺提示。如果我聽他人說英文，就需要請人家拼或寫出來，拼出來之後我心中有那個字的字型，才知道是哪個字。

② 在電子 APP 或英文字典聽發音，跟讀唸出聲，接著到 Google 圖片搜尋唸該字，反覆聽和唸直到 Google 聽得懂，搜尋成功可成為發音正確的正向回饋；看 Google 圖片增加視覺線索、字意理解。結束一輪後，邊聽音或唸音，腦海中邊想字音、意思、拼字或圖像。

③ 多管道學習。從各種管道接觸英文，並能從中找到適合自己或是吸引自己的方式，例如：APP、英文電影、英文搞笑影片、英文歌等。

注意事項 心像能力不好的人，難以在心中想像字形，可以寫在紙上。

3) ▼弱勢：英文發音在我的腦袋像是存入垃圾桶資料夾，過一段時間就會被清除。

代償策略 把握每個聽唸的機會，沒聽過學習，聽過當複習。

4) ▼弱勢：花很多時間仍背不起單字的形音義，像我國小可能考一課才五六個單字，我那個也背不起來。

代償策略

① 視覺記憶。我高中的時候有單字本，我就放在桌上每天看。我剛剛前面有說我都在讀語文，就是我放在桌上一直用看的，所以我可以對應起英文的字形和中文的字意。

② 按照自己的速度學習，並且在聽音時聯想一下它是什麼東西，然後一直強迫自己增加形音義之間的連接。

注意事項

① 只是短期記憶，因為我不瞭解它的聲音該怎麼唸，然後或是聽到聲音也不知道是這個字。

② 我受限於心像能力弱，所以我會記錯。我的心中圖像只有大概的樣子，可是它糊糊的，而且還會慢慢的散掉，有人跟我說很像魔法；尤其文字長得很像時，更會記錯。

» 5. 注意記憶策略

　1) ▲ 優勢：能注意環境細微變化：我很喜歡聽風吹、草動、鳥鳴，總是能第一個發現草叢動物，或是他人服裝上的不同。

▼ 弱勢：有聲音打擾會難以專心。

代償策略 勇敢說明需求，例如：請身旁的人安靜，我覺得說明需求讓人家知道你有困難，如果還刻意刁難你，你就知道他不是幫助者，可以考慮跟他保持距離。

2) ▲ 優勢：腦袋會源源不絕地思考，善於反思檢討。思考情緒、感受或知識，像我會腦袋會一直跑出「我剛剛那句話說的對嗎？」「我可以怎麼做比較好？」或是過了幾天突然想到：「啊，前幾天的題目應該要怎麼算才對？」換句話說，就是我腦袋會一直自己跑東西出來。壞處是占用腦容量，好處是可以增進我反思檢討的能力。

▼ 弱勢：短期記憶差。雖然不知道我腦容量大不大，但我的腦容量就算再大，也會因為一直跑東西，造成記不太起來一開始想的事情，很常要拿什麼東西就忘記了。

代償策略

① 上課時以手寫或打字詳細筆記，以免日後忘記上課所學。

② 行事曆很密。我需要先寫好等一下做甚麼事，以及做事順序，像是下課時間我要先喝水、先上廁所，還是要拿什麼東西給老師簽名，不然我會忘記，或漏掉一些事。

③ 備忘錄。想到甚麼就記起來，可以根據主題不同建立不同備忘錄。

» 6. 學習態度策略

1) ▲ 優勢：擅長理科。數學、自然成績可以班排前幾名，也會有同學請我教導。

▼ 弱勢：不擅長文科。我在高中以前幾乎所有時間都讀語文，但是表現還是班排倒數、墊底，所以很常被認為不擅長、不努力。

代償策略

① 發掘優勢。學業狀況還好我有優弱勢，不至於完全失敗，讓我願意嘗試。這點也希望大家在學障或是在各個障礙的教學中，要儘量帶學生發掘優勢，例如：其他科目或是學科以外，讓學生敢勇於嘗試，以免他們全部碰到的都是弱勢與失敗，他們自然不會想要學習。

② 做不到的放過自己並「適度」努力。在鑑定之後，了解自己的優勢與限制，我學會接納、放過自己，然後也幫自己調整。比如說，不擅長的英文科目，我就不強迫自己一定要讀多少，我學會適度努力，我不需要讀太多，可是我持續讀，一定會有進步；這也讓生理方面有好的轉機，我身上壓力造成的慢性蕁麻疹就消失了。因此親師需要注意，讓學生可以堅持、可以努力，但是一定要適度的，不能過度了。

注意事項

① 需注意學習態度是否「過度」努力。碩班鑑定之前我自己和身旁的人都覺得「有擅長或不擅長的科目很正常」，所以我的學障困難被當作只是弱勢，並沒有被發掘及鑑定，但同時身旁的人卻也秉持「不擅長是不夠努力」，造成我在不了解自己的狀態下「過度」自責、「過度」努力。現在想想，這兩種觀念之間似乎互相牴觸，了解人與人之間有個別差異，卻也覺得後天努力一定能彌平差異，殊不知先天後天都可能造成個別差異。有些事情努力會進步，

但不一定能進步多少，最重要是多嘗試不同方法、找到適合自己的方法，才能讓努力事半功倍。「過度」自責、「過度」努力對身心理狀態的影響，包含：壓力大造成嚴重、長期、慢性蕁麻疹；動作慢、作業來不及完成，卻又過度負責任想完成作業，導致睡眠不足；又因為睡眠不足在書桌寫功課寫到睡著，沒有去床上躺著睡，造成我永久的脊椎側彎；以及身體不適、作業難以完成，造成我常請假來休息或補功課。

② 鑑定結果幫助了解學生。有些人有疑慮：「鑑定會不會因此放棄自己、不認真、偷懶？」我是因為先認識特教，然後才去鑑定，所以可能我對鑑定的概念比較健康，知道鑑定是獲得特教資源幫助的過程。可是如果小朋友剛被鑑定的話，我覺得需要親師協助學生了解鑑定結果的意義、認識自我，知道學障鑑定通過不代表人生完了；反之，資優鑑定通過也不代表人生一帆風順，鑑定只是讓學生能更了解自己、讓老師更了解學生，能夠親師生一起設定適度標準，也幫助判斷學生是否得以獲得特教資源，以及幫助安排特教資源。

» 7. 社交策略

1) ▼ 弱勢：記不起對方名字。

代償策略

① 可以使用視覺記憶（多看對方名字的文字，例如：
社交軟體、名牌……），並在其社交軟體名稱中標
注職稱及姓名。

② 因為姓名有很多種排列組合，所以需要稱呼對方時
可以使用職稱。

2) ▲ 優勢：我理科能力佳。

▼ 弱勢：我的動作慢，不擅長追逐、球類運動，造成
國小大家都在跑跳年紀的時候，我就沒朋友，
因為我追不到人。

代償策略 教同學課業，換取尊重及友情。

3) ▲ 優勢：喜歡也擅長畫畫、幫娃娃做衣服家具、做立
體卡片，（如前面所示圖片），那些都是我
送同學時所做的生日卡片。

▼ 弱勢：國小國中被同學排擠。

代償策略 事先做好生日卡片，然後看誰生日送給他。

我不一定跟他是好朋友，但這樣可以增進和

同學的交流。

注意事項 在國小、國中時我受到同學們排擠，不全然

是壞事，被排擠的困境讓我學習到我無法討

好身旁的所有人，使我形成適當的社交觀念，

也學會獨處的方法以及把握願意當我朋友的

人。

4) ▲ 優勢：高中以前的數理科目成績優於同儕；同時，

我樂於教導同儕數理科目。

▼ 弱勢：高中以前語文科目內容需要同學教導。

代償策略 和同學互相教導課業，獲得同儕課業協助及

尊重。

☺ 結語

　　資優學障特質讓我很難被特教發掘、很常被別人認為不
夠努力、自己也很自責。我很幸運，在求學過程中發展出一
些策略幫助自己，並在碩班獲得特教資格，讓我更了解自
己，可以不再自責，並且找到解方。但是負責知動學障診斷
的醫生告訴我：「知動的訓練都是靠早療，成人才發現已經
沒救了！」其實還是可以救，只是 CP 值不高。這次我參與
本書的特質與策略分享，是為了幫助更多資優學障者，及其
家長與老師了解資優學障，及早發現、及早介入支持並找到
適合自己的策略；也幫助更多人了解資優學障者，減少誤解，
讓資優學障者受到應有的對待。

黃紹閔 ADHD 特質故事分享

簡作者介：

黃紹閎

✓　中國醫藥大學醫學系畢

前言：

　　在炎炎夏日深夜裡，男孩一次又一次的翻著手上的生物課本，一下翻到課本最後一頁的中樞神經路徑圖，下一秒又翻到第五十頁的交感神經路徑表。即使一次又一次地默唸著，一遍又一遍對比著，腦中無論怎樣都無法把這兩頁圖片中的資訊串連起來。焦急的心思考著：「到底為什麼高中三年翻了不下數十次的生物課本，卻仍然無法串聯起來這些書本中的資訊？」一翻到第十頁，剛才第九頁的內容在腦裡就立刻變得模糊不清；不同頁的知識（如第九頁與第三十頁），永遠無法在腦中搞清楚這些知識之間的關係。這些情況不僅出現在生物課本，凡是記憶類型的知識，例如：地理、公民，也會碰到，該怎麼處理？

　　大家好，我是黃紹閔，上面這段例子是我在學習任何陳述性知識都會碰到的問題。舉凡是：國中訂閱的科學人、高中的生物社會課本、大學的醫學知識……這些資訊在我腦中

就是一片片的碎片；不僅如此，因為我工作記憶的短暫，在上生物、歷史、地理課時，我就算預習也只能聽懂前半堂，如果沒有預習的話，可能上課五分鐘以後就聽不懂了。

我不太清楚這個學習困難背後的機轉與原理，不過將會在下面盡力分享最後我摸索出的解決之道。

☺ 為什麼我學不好新知識？

如下圖，在 Mayer 的多媒體學習理論（multimedia learning theory）中，外界的資訊會經由眼、耳來進入我們的感覺記憶（sensory memory），經過注意力的選擇後，我們會把這些資訊再移至工作記憶（working memory）中，最後 working memory 中保留的這些新資訊會和長期記憶（long term memory）中的先驗知識（prior knowledge）做整合。

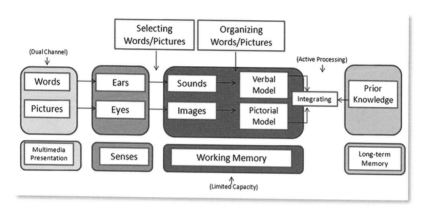

（資料來源：:https://en.wikiversity.org/wiki/Instructional_design/
Reducing_cognitive_load_in_multimedia_instruction/Cognitive_Theory_of_
Multimedia_Learning））

　　根據研究，ADHD 的患者中有高達 80% 的孩童會有工
作記憶（working memory）的缺陷（Kasper LJ, Alderson RM,
&Hudec KL (2012). Moderators of working memory deficits in
children with attention-deficit/hyperactivity disorder (ADHD): A
meta-analytic review. Clinical Psychology Review, 32(7), 605–
617.）。working memory 就好比大腦的暫時記憶體 RAM，而
工作記憶的缺陷，就好比你的暫時記憶體太少了。以我例子
中無法串連起書本中不同頁面的知識，可能就是因為我腦中
working memory 不夠，因此無法在腦中同時併存不同頁面的

資訊，也就無法把不同頁面之間的資訊串連起來。

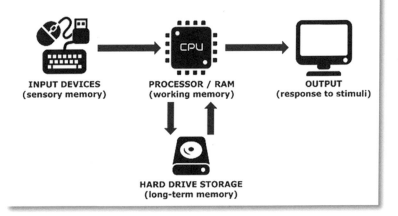

Information Processing Theory - Computer Analogy

INPUT DEVICES
(sensory memory)

PROCESSOR / RAM
(working memory)

OUTPUT
(response to stimuli)

HARD DRIVE STORAGE
(long-term memory)

（資料來源：https://www.researchgate.net/figure/Information-Processing-Theory-computer-analogy-Turple-2016_fig5_365036370

☺ 我的克服方法與解決之道

我在各式各樣的摸索後，終於學會讓更多知識同時在我的 working memory 中存在，進而讓這些新知識和我腦中的既有知識之間彼此連結。

我是怎麼做到的呢？

» 原則一：讓需要鏈接的知識「同時」顯現在我的眼前

如同就像偵探影片中的「馬賽克調查牆」一般，將所有資訊同時展示在我的面前。

以我在前言裡舉的生物課本例子來看，對我來說如果能夠同時把第九頁和第三十頁之間的知識「同時」顯現在我的眼前，那我就比較容易能夠把這些知識在我心中整合起來。

以下列出幾種方法來實踐原則一；當中要注意的是：這些方法是可以彼此混用的喔！

• 方法一：多螢幕或是分割視窗

相信對於在處理 excel 或是影片剪輯的朋友來說，多螢幕／分割視窗是一個不可缺少的存在。現在市面上幾乎所有筆電、桌機均可以支持多螢幕；而不管 macos、winos 均有原生／第三方軟體支持視窗分割。多螢幕／分割視窗可以讓你把相關的資訊同時呈現在你眼前。

例一：

一個螢幕視窗分割成左右兩個，左邊放 chrome 開網頁，右邊開 pdf 查資料。

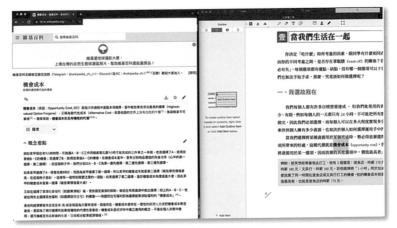

（來源：wikipedia、三民書局高中公民課本）

例二：

在讀公民課本 pdf 的時候，利用 pdf 內建分割視窗功能使同一個 pdf 可以同時看第八頁和第三十頁。

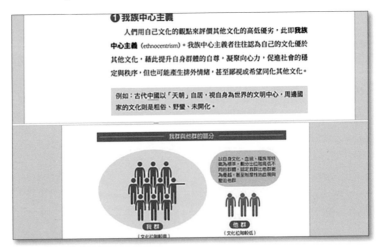

（來源：三民書局高中公民課本）

- 方法二：使用螢幕截圖軟體，把螢幕截圖固定在視窗的某個地方。

以 mac 的螢幕截圖軟體 cleanshot 為例子，在看 wiki 網頁「呼吸作用」時，會發現網頁上有個呼吸作用的流程圖。

當我在看網頁的其他內容前，我就會把這個示意圖截圖後，懸浮固定在螢幕的右上方，這樣我網頁再往下拉時，看到的內容隨時都可以跟這個示意圖做比較。

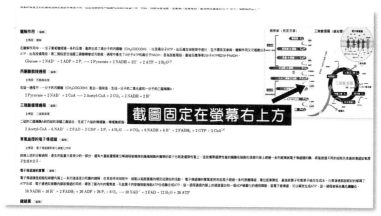

（來源：https://zh.wikipedia.org/wiki/%E9%9B%BB%E5%AD%90%E5%82%B3%E9%81%9E%E9%8F%88#/media/File:CellRespiration_(zh-tw).svg）

- 方法三：側邊欄

　　相信有用 ipad 的朋友們，一定會常常用到 ipad 多工處

理的 slideover 功能，
需要查資料的時候就
把側邊欄的 safari 滑
入螢幕，不需要時再
把 safari 滑出。

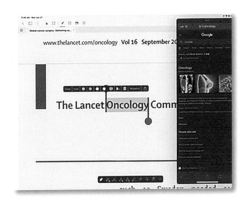

　　在 mac 上也有類似的 slidepad app 可以使用，按下特定
的快捷鍵，側邊欄位就跑出一個視窗可供網頁查詢；此方法
特別適用在沒有多螢幕的朋友們。

» 原則二：雙通道理論

在 Mayer 的多媒體學習理論（multimedia learning theory）中，多媒體原則（Multimedia principle）指出：如果能充分利用到視覺、聽覺這兩個資訊接收管道，就能夠降低認知負荷。

舉例來說：要學習有氧呼吸的例子，比起單純沒有聲音解說的文字網頁，你可能會覺得直接上 YouTube 看老師解說有氧呼吸會吸收得更好，其中一個原因，就是因為你在接收資訊時同時使用到聽覺和視覺通道，因此降低了認知負荷。

» 原則三：避免見樹不見林

在學習知識時，如果腦中失去了整體知識架構，那學到的每個資訊都像一個個碎片一樣無法串連起來。這些破碎的資訊會處於一種混亂的狀態：你會對這些學到的知識有一種一知半解、總是搞不懂的感覺；這些知識難以回想、應用，如果遇到其他新知識時，會和這些破碎的既有知識形成干擾，導致學不會新的知識，舊的知識更加混亂。如下一頁的圖示，在學習呼吸作用時，如果腦中沒有整體的大架構，那學到的每個知識都是碎片化，難以意義理解的。

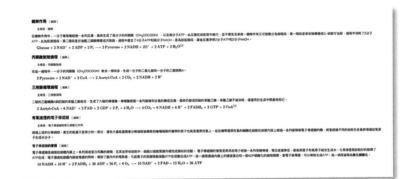

（來源：https://zh.wikipedia.org/wiki/%E9%9B%BB%E5%AD%90%E5%8
2%B3%E9%81%9E%E9%8F%88）

・方法一：將知識架構圖固定在視窗的某個地方

如下面的螢幕截圖例子，在學習呼吸作用時，把呼吸作用的流程圖截圖固定在視窗右上方，這樣隨時都能看到你目前是在學習呼吸作用的哪個步驟。

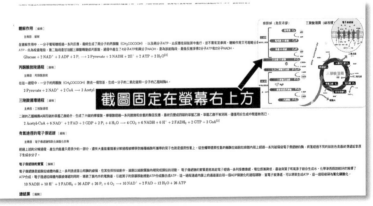

（來源：https://zh.wikipedia.org/wiki/%E9%9B%BB%E5%AD%90%E5%8
2%B3%E9%81%9E%E9%8F%88）

· 方法二：心智圖

不管是手寫的心智圖，或是 Xmind 等軟體做的心智圖，你都是可以做到見樹又見林的情況。

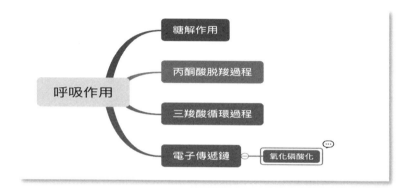

· 方法三：pdf 書籤

pdf 書籤就有如地圖一樣，在我們學習知識時，能夠告訴我們目前看到的資訊是位於哪個分支下面。

下一頁圖示是將 wiki 有氧呼吸的網頁列印為 pdf 的結果。（圖一）和（圖二）都同樣是在閱讀酒精發酵的章節。但是在（圖一）的 pdf 我製作了書籤，因此我在學習酒精發酵的知識時，能夠很明確的知道酒精發酵位於呼吸作用→無氧呼吸→酒精發酵這個階層。

酒精發酵

細胞行無氧呼吸的其中一條路徑，丙酮酸（CH₃COCOOH）在脫羧過程後不生
精）。

這裡的NAD⁺之再生可供應糖解作用所需。

過程：

1. $C_6H_{12}O_6$（葡萄糖）＋ 2 NAD⁺ → 2 CH₃COCOOH（丙酮酸）＋ 2 NADH
2. 2CH₃COCOOH（丙酮酸）→ 2 CO₂ + 2 CH₃CHO（乙醛）
3. 2CH₃CHO（乙醛）＋ 2 NADH + 2 H⁺ → 2 C₂H₅OH（乙醇）＋ 2 NAD⁺

乳酸發酵

（圖一）

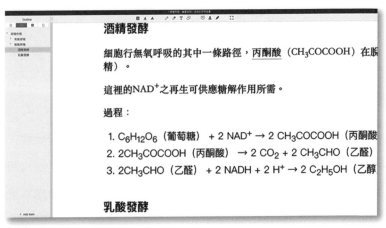

（圖二）
（來源：https://zh.wikipedia.org/wiki/%E9%9B%BB%E5%AD%90%E5%8
2%B3%E9%81%9E%E9%8F%88）

» 原則四：遇到很多不會的問題，把問題做一個整理

要學習一個的新知識，有時候光看一個網頁的講解就會有高達十幾個不會的術語、專有名詞，這時候往往會覺得心智負荷過大，導致退縮、不想繼續學習。

以下圖為例，小明是個完全沒有學過生物的人，當他在雜誌上看到「呼吸作用」這四個字，好奇之下查了維基百科，赫然發現緊緊第一段竟然有高達二十個專有名詞看不懂！！到底要怎麼看懂這個段落呢？

呼吸作用 (respiration) (Cellular respiration)，是生物體細胞把有機物氧化分解並轉化能量的化學過程，也稱為釋放作用。無論是否自營，細胞內完成生命器，呼吸作用的幾個關鍵性步驟都在其中進行。

呼吸作用是一種腦促氧化反應，雖名為氧化反應，不論有否氧氣參與，都可稱作呼吸作用（這是因為在化學上，有電子轉移的反應過程，皆可稱為氧化）。有

呼吸作用的目的，是透過釋放食物裡之能量，以製造三磷酸腺苷，即細胞最主要的直接能量供應者。呼吸作用的氫與氧的燃燒，但兩者間最大分別是：呼吸作中，三大營養物質：碳水化合物、蛋白質和脂質的基本組成單位──葡萄糖、胺基酸和脂肪酸，被分解成更小的分子，透過數個步驟，將能量轉移到還原性質的能量，則轉移到ATP分子上，供生命活動使用。

以上述的例子，小明可以把這個段落不會的專有名詞用以下幾種方法整理：

• 方法一：另外開一個 **word ／ onenote 整理問題**

當問題不複雜、具有階層性的話，單純開個 word ／ onenote 來整理問題是不錯的方法。

以下圖為例，我在 onenote 中，把這些專有名詞條列出並且「大致」區分階層（對這些專有名詞不了解，也很難正確的區分這些名詞彼此之間的上下階層），並且加上 TO DO 的框框，「自己覺得」大致學完這個知識點之後就可以打個勾。

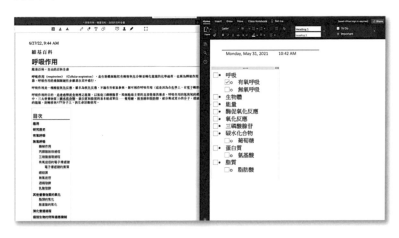

（來源：https://zh.wikipedia.org/wiki/%E9%9B%BB%E5%AD%90%E5%82%B3%E9%81%9E%E9%8F%88）

·方法二：另外建立一個心智圖整理問題

方法二與方法一一樣，都只能用在不複雜、具有階層性的問題整理。

（來源：:https://zh.wikipedia.org/wiki/%E9%9B%BB%E5%AD%E5%8

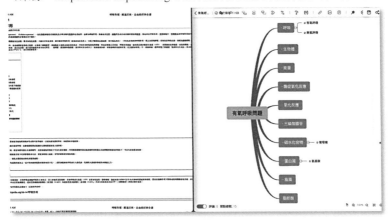

2%B3%E9%81%9E%E9%8F%88,）

·方法三：使用剪貼板軟體管理問題

同前兩個方法，只能用在不複雜的問題整理。因為剪貼簿軟體中的階層較難建立，所以很多層次的問題也不適用此方法整理。

下一頁截圖中以 paste app 為例子，在閱讀時把不會的專有名詞一個個複製到剪貼簿，然後一項項去了解。

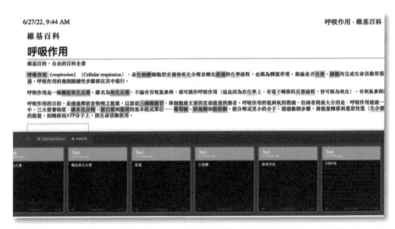

（來源：:https://zh.wikipedia.org/wiki/%E9%9B%BB%E5%AD%90%E5%8
2%B3%E9%81%9E%E9%8F%88，）

（PASTE APP(https://apps.apple.com/tw/app/paste-clipboard-manager/
id967805235?l=en)）

・方法四：使用 project PERT 整理複雜問題

運用在處理大型專案的 PERT 方法，在學習上比較適合
用在規劃複雜的知識學習流程和順序。在後面實際專題會給
出實例，不過是我依照自己習慣修改過後的 PERT 學習專案
建立，與正規的 PERT 略有出入。

大致步驟如下（詳細可參考 wiki（https://zh.wikipedia.org/
wiki/ 計畫評核術））：

　　步驟一 . 條列出每個專有名詞（活動）要解決所需要的時間。前導任務以下圖為例子，要了解主題 C 之前，需要先了解主題 A（活動 C 的前導任務是 A），並且我預期了解主題 A 所需要的時間大約為 4.00 小時。（樂觀時間代表樂觀的我估計需要花費兩小時，最後預期時間是（樂觀時間＋悲觀時間＋正常時間 *4）/6）

活動	前導任務	估計時間			預期
		樂觀的 (o)	正常的 (m)	悲觀的 (p)	
A	—	2	4	6	4.00
B	—	3	5	9	5.33
C	A	4	5	7	5.17
D	A	4	6	10	6.33
E	B, C	4	5	7	5.17
F	D	3	4	8	4.50
G	E	3	5	8	5.17

步驟二.根據活動與前導任務,繪製網路圖。

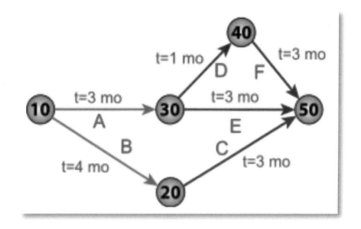

　　需要注意的是,PERT 裡面的事項與內容是會在執行過程中持續變動更改的,比方說預估時間改變,中間增添了某個項目等等。因為靈活性高變動性大,個人習慣上會用 ipad 手寫來實踐。

» 原則五:記住系統與常用軟體的快捷鍵

　　這聽起來就是老生常談,但如果有認真記住常用的快捷鍵,不僅省下大把時間,也可以減少使用軟體所消耗的注意力與認知負荷。從今天開始,把你常用的 windows ╱ mac 系統,office 軟體的常用快捷鍵背起來吧!

其他問題解答

這段落是分享一些其他我碰過的學習問題與處理方式。

😊 問題一：好多英文、專有名詞，除了開一個 新視窗來查詢，有其他方法嗎？

» 方法一：使用歐陸辭典軟體螢幕取詞

如果你 Google 搜尋「螢幕取詞」、「取詞劃譯」，你會找到很多像是歐陸辭典這樣的軟體。

以下圖為例子，安裝完歐陸辭典後，滑鼠放到這個單字上方會跳出這個單字的英文中文意思。

（來源：:https://search.bilibili.com/all?keyword=%E6%AC%A7%E9%99%86%E8%AF%8D%E5%85%B8+mac）

» 方法二：safari 使用 lookup 功能

在不會的英文文字上面，mac 右鍵／ipad 或 iphone 長按後點擊 look up 功能，就可以在系統內建的 dictionary 或是 wikipedia 等來源中查詢資料。

Fever

From Wikipedia, the free encyclopedia

This article is about the medical condition. For other uses, see Fever (disambiguation).
"Feverish" redirects here. For the Pure album, see Pure (Canadian band) § Feverish.

Fever, also referred to as **pyrexia**, is defined as having a temperature above the normal range d[...]he body's temperature set point.[5][6][12][7] There is not a sin[...] temperature with sources using values between 37.2 and 38.3 °C (99.0 and 100.9 °F) in humans[...]in greater heat production and efforts to conserve heat.[3] When the set point temperature return[...]feels hot, becomes flushed, and may begin to sweat.[3] Ra[...] with this being more common in young children.[4] Fevers do not typically go higher than 41 to 42[...]

A fever can be caused by many medical conditions ranging from non-serious to life-threatening.[...]bacterial, and parasitic infections—such as influenza, the [...] infections, appendicitis, Lassa, COVID-19, and malaria.[13][14] Non-infectious causes include vas[...]mbosis, connective tissue disease, side effects of medicati[...] from hyperthermia, in that hyperthermia is an increase in body temperature over the temperature[...]er too much heat production or not enough heat loss.[1]

Treatment to reduce fever is generally not required.[2][9] Treatment of associated pain and inflam[...]y be useful and help a person rest.[9] Medications such as [...] may help with this as well as lower temperature.[9][10] Children younger than three months require medical attention, as might people with serious medical problems such as a c[...] other symptoms.[16] Hyperthermia requires treatment.[2]

Fever is one of the most common medical signs.[2] It is part of about 30% of healthcare visits by children[2] and occurs in up to 75% of adults who are seriously sick.[11] While fev[...] treating a fever does not appear to improve or worsen outcomes.[17][18][19] Fever is often viewed with greater concern by parents and healthcare professionals than is usually de[...] phobia.[2][20]

Contents [hide]

Fever

From Wikipedia, the free encyclopedia

This article is about the medical condition. For other uses, see Fever (disambiguation).
"Feverish" redirects here. For the Pure album, see Pure (Canadian band) § Feverish.

Fever, also referred to as **pyrexia**, is defined as having a temperature above the normal range due to an increase in the body's temperature set point[...] temperature with sources using values between 37.2 and 38.3 °C (99.0 and 1[...]in set point triggers increased m[...] in greater heat production and efforts to conserve heat.[3] When the set point t[...]feels hot, becomes flushed, and[...] with this being more common in young children.[4] Fevers do not typically go h[...]

A fever can be caused by many medical conditions ranging from non-serious t[...]l, bacterial, and parasitic infectio[...] infections, appendicitis, Lassa, COVID-19, and malaria.[13][14] Non-infectious c[...]mbosis, connective tissue disea[...] from hyperthermia, in that hyperthermia is an increase in body temperature ov[...]her too much heat production or [...]

Treatment to reduce fever is generally not required.[2][9] Treatment of associat[...]y be useful and help a person re[...] may help with this as well as lower temperature.[9][10] Children younger than th[...]as might people with serious me[...] other symptoms.[16] Hyperthermia requires treatment.[2]

Fever is one of the most common medical signs.[2] It is part of about 30% of he[...]rs in up to 75% of adults who ar[...] treating a fever does not appear to improve or worsen outcomes.[17][18][19] Fever is often viewed with greater concern by parents and healthcare profe[...] phobia.[2][20]

Contents [hide]

（來源：https://en.wikipedia.org/wiki/Fever）

☺ 問題二：使用 windows 或是 mac 的虛擬桌面來代替多螢幕，是可以的嗎？

這個問題相信對於常常開 excel 整理報表數據或是開 ppt 整理報告的人來說一定很清楚，答案是「否」。因為多個虛擬桌面本質上還是只有一個螢幕視窗，無法實踐前述的原則一：讓需要鏈接的知識「同時」顯現在眼前。當然虛擬桌面用途多多，但我不認為他能夠達到降低認知負荷的效果。

☺ 問題三：YouTube 的線上課程如果不給 ppt、pdf 要怎麼做筆記呢？

與傳統的實體課程不同，YouTube 線上公開的課程為了保護講者的 copyright 通常不會給上課 ppt、pdf，我的做法會是用 chrome 的 YouTube screenshot 這個插件，把 YouTube 影片截圖下來，最後再把這些圖片集合成一個 pdf。當然你可以在這個 pdf 裡面自己增添書籤。

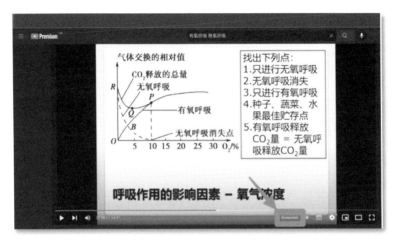

☺ 問題四：要怎麼樣拿到書籍的 pdf 呢？

書籍的 pdf 基本上「合法」的取得管道不外乎：

1) 廠商願意給 pdf；

2) 自己炊書（把書掃描成 pdf）。炊書的部分可以自行 Google」「如何炊書」。

而 1) 廠商給 pdf 的部分，如果是國高中的課本，有些出版商會釋出，可以上出版商的網頁下載，如下圖，康軒出版社提供書本的 pdf 版本。

☺ App 介紹：

在這個部分我會介紹個人常用或是推薦的幾個軟體功能。

» 軟體：diigo outliner

（來源：https://www.diigo.com/outliner/start）

安裝 chrome 插件之後，可以直接在網頁的右側打開一個大綱（outline），如下圖可以直接在 chrome 瀏覽器裡面做筆記；適用於單一螢幕或是學習簡單資訊的場景。

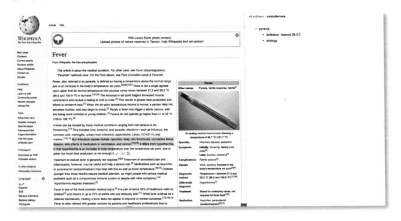

» 軟體：marginnote

（來源：https://www.marginnote.com/）

這個軟體不斷融合各個學習軟件功能，就像是瑞士刀一樣，一個軟體可以將學習的摘錄、整理、複習……功能垂直整合，讓學習的體驗得以流暢。

• 功能一：多文件分割視圖（滿足原則一）

下圖以頭部內的空間為例子，在 pdf 介面可以同時同時比較 pdf 中三個不同頁面的資訊。

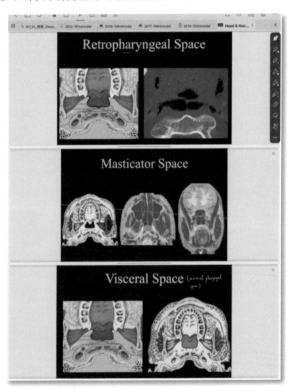

- 功能二：心智圖關聯到 **pdf** 頁面，見樹又見林（滿足原
  則三）

如下圖，我既可以在視窗右邊的心智圖介面建立心智圖，
也可以同時在視窗左邊的 pdf 介面閱讀 pdf，同時 pdf 頁面是
跟心智圖連結的：選擇文件的某些文字圖片就可以建立心智
圖，點擊心智圖就會跳到原本文件的特定頁面。

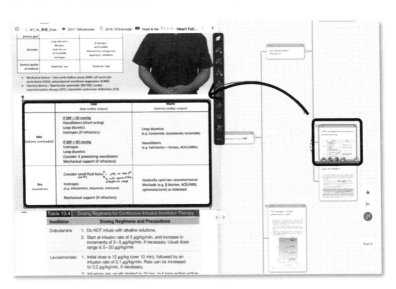

» 軟體：liquidtext

（來源：https://www.liquidtext.net/）

與上面提到的 marginnote 有些相似，同樣的能夠把心智圖關聯到 pdf 頁面。

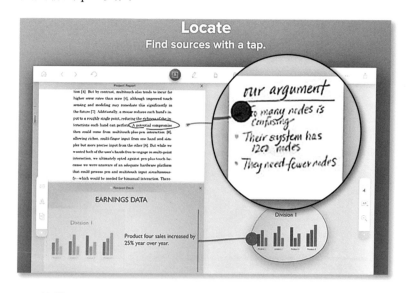

» 軟體：stickies

（來源：https://support.apple.com/zh-tw/guide/stickies/welcome/mac）

Macos 上的便條紙 app，可以在懸浮在視窗上方，靈活實踐原則一、三、四。

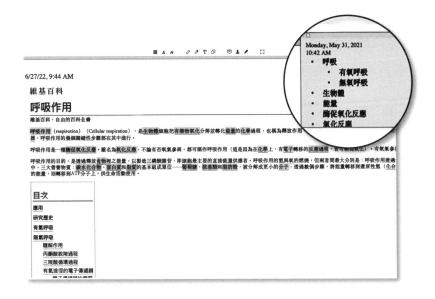

• 功能：全文件檢索

全文件檢索，顧名思義就是把資料庫裡面的所有文件做一個索引，使得搜尋關鍵字時能夠非常快的找到你要的文件以及特定的段落。現在許多 ipad 上的筆記軟體均包含此功能，如 goodnote, notability 等等。在 mac 或 windows 電腦中則可以下載這種全文件檢索的軟體，諸如 windows 上的 docfetcher，mac 上的 pdf search 等等軟體，可以檢索 word、 txt、pdf 等各種型態的文件。

下圖為 goodnotes 的頁面，可以看到輸入關鍵字後一瞬間立刻找完資料庫內的所有書籍。

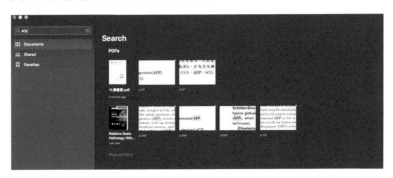

（來源：:https://apps.apple.com/tw/app/goodnotes-5/id1444383602?l=en）

下圖為 docfetcher 的頁面

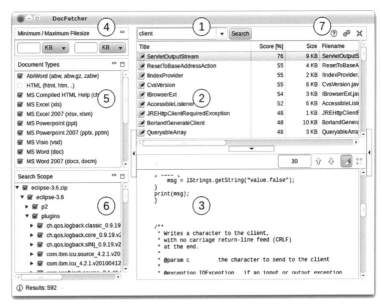

（來源：https://docfetcher.sourceforge.net/zh/index.html）

☺ **實戰演練：**

　　以下的案例均為複雜知識的學習場景，整合了上面各原則、方法、App 的綜合使用。

» 案例一：重新複習胸部影像學

» Step 1-1：把目前認為會使用到的資源逐條列出、把不會／生疏的問題／主題逐條列出。

» Step 1-2：做出 project PERT

事件	前置事件	估計時間(小時)			期望時間 (te)
		樂觀(a)	正常(m)	悲觀(b)	
A		3	6	9	6
B	A	2	4	6	4
C		4	8	12	8
D	B·C	5	10	15	10
E	C·D	7	14	21	14
					42

A → B → D → E
↘ C ↗

» Step 2：設定好各個螢幕、視窗的配置

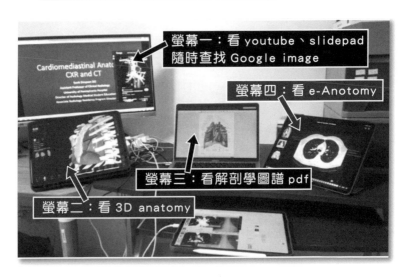

螢幕一：看 youtube、slidepad 隨時查找 Google image

螢幕四：看 e-Anotomy

螢幕三：看解剖學圖譜 pdf

螢幕二：看 3D anatomy

Cardiomediastinal Anato CXR and CT

☺ 總結

在賈伯斯於 Stanford 的演講中，我很喜歡他說的 The first story is about connecting the dots；身為一個工作記憶缺陷的 ADHD 患者，我呈現出如何把我記憶中的 dots ／碎片鏈接起來的方法。希望這些方法也能幫助到你，有問題歡迎來信討論。

鄭婷尹

學障特質故事分享

簡 作者 介：

鄭婷尹

- ✓ 臺中市立臺中女子高級中學畢業
- ✓ 臺北市立大學心理與諮商學系畢業
- ✓ 國立嘉義大學輔導與諮商學系碩班就讀中
- ✓ 曾擔任更生少年關懷協會實習生
- ✓ 曾擔任臺北市萬華區大理國小代理專輔教師
- ✓ 中華高等教育暨障礙會成員

前言 ·

　　我是一名有著多重學習障礙的學障資優者（有幾張不同的學障亞型診斷），無論是聽說讀寫算、記憶力以及動作協調等等，都有生理的異常。但我在學期間，完全沒有接受過任何特殊教育（台灣目前的情況，成績不夠差的學障者很難有機會獲得特教幫助），在沒有評量調整的情況下，以一般管道考取了台中女子高級中學，並且於高中時期獲得班排名第一名的成績。很開心能在這裡與讀者分享我探索的過程與心得，希望能幫到正在閱讀這本書的你。

　　對我來說，克服學障很需要自我了解，這樣才知道卡住自己的問題是什麼。首先，分析自己問題癥結點以及自己所擁有的優勢，再大量閱讀認知心理學、神經科學或是坊間學習方法書籍，獲得克服問題的靈感，並且不厭其煩的嘗試與調整這些靈感，最後發展出來屬於自己的方法。自我上國中開始，適應就非常困難，原有的讀書策略已經沒辦法適應加

深加難的課業，第一次考試我就被班導約談了。於是我開始大量閱讀學習方法的書籍（那時候坊間已出版的我幾乎都看過），並且把這些書籍提到的學習策略一個一個拿來嘗試，我國中 18 次段考沒有任何 2 次方法是一樣的，因為我一直在尋找更適應的學習策略，最後終於讓我找到了！

相信翻開這本書的人，不管是不是學障者，都會希望這本書可以讓自己學習更順暢、減少障礙。然而，在這邊我想要提醒各位讀者一件事：每個人的認知特質都很不一樣，學障也有很大的異質性，就算同樣有閱讀困難的人，問題點也可能都不太一樣，有效的策略也會不同。另外，每個人有的優勢也不相同，可能 A 有某個優勢，導致他可以用某個策略來代償，但 B 沒有這個優勢，B 就沒辦法使用這個代償。因此，我在這裡提供的僅是我針對自己障礙的覺察，以及針對這些障礙想出來克服的方法，希望可以提供一些學障特質供讀者反思自身情況，也能得到一些克服障礙的靈感。

我的優弱勢分析與學習困擾

☺ 我的優勢

» 1. 自我覺察的能力：

我能觀察自己，能抓到自己出問題的部分，很瞭解自己。

» 2. 邏輯推理的能力：

我曾在學校統一施測的正式測驗中測得 PR 值 > 99（原始分數 150，平均 100，標準差 15）。

我可以從錯綜複雜的症狀分析出核心問題點，以及對症下藥的解決策略。

» 3. 認知上的優勢：

聽覺：對於音高以及音色敏感，甚至對某些樂器具有絕對音感。

視覺：對於色彩很敏感，可以辨別一般人無法辨別的色差。

☺ 我的弱勢

» 1.「聽」的困擾：

1) 辨別他人講的語言有困難。聽到語言時，比較像一種如鳥叫聲般的「純音」，需要另外花力氣把這些聲音辨認成語言。這通常需要我花很大的精力，導致我一下子就筋疲力盡；即使如此，我仍然常常聽錯。

2) 吵雜的環境下，辨別語言的能力更弱。

3) 聽覺記憶廣度小，不能一下子給我太多訊息，要不然我會當機。

» 2.「說」的困擾：

1) 無法在腦中事先組織我要說出口的話。比起打字表達，
   我用語言適切表達我想要表達的意思的能力弱很多。

2) 有時候會講出顛倒的詞、句，或省略動詞用一堆名詞串
   成一個句子，無法依照中文文法把句子排列好。

3) 沒辦法臨場擴充句子。

» 3.「讀」的困擾：

1) 常常會辨認錯字。如：「稻村麵包」&「貓村麵包」；
   「CaO」&「CO」。

2) 常常看錯語序。如：「阿塞斯特萊」&「阿特萊斯」；
   「迪麗熱巴」&「麗迪巴熱」。

3) 內聚力及調節能力異常，轉換焦點沒有自動化，相當於
   60 歲老花眼。

4) 眼動能力異常，無法準確控制眼球，而且移動速度很慢。

5) 視覺完形能力不好（Simultanagnosia）；沒有視覺心像
   （Aphantasia）；深度視知覺異常（第四類異常）。

6) 看了前面忘記後面，造成我很難把東西串起來。

7) 若把課文唸出聲，便無法理解，不出聲閱讀反而能理解。

» 4.「寫」的困擾：

1) 常常寫錯字或拼錯字（例：tow&two）；有時分不清楚注音。

2) 寫字速度很慢：台大醫院職能評估出來，一分鐘只有 11 字（等同於小二女生的書寫能力），正常人一分鐘大約 30-40 字，比我快 3-4 倍。

3) 無法控制筆的落點：台大醫院職能評估我的手部靈巧度的年齡當量只有 5:8 ～ 5:9，去復健所自費職能治療，治療師發現我的手指頭不會動，是整隻手臂在動。寫字很吃力，沒辦法思考。

4) 肌張力不足：手寫大約 5 個字就開始痙攣。

» 5.「算」的困擾：

1) 遇到數字會先愣住，一小段時間才反應過來。

2) 無法直接在腦中計算，需要偷比手指頭。

» 6.「記憶力」的困擾：

1) 無法憑記憶摘要聽過或看過的資訊，但需要時可連結到相關內容。

2) 完全靠理解才能記憶，沒有理解的知識，很難進入長期記憶；但有理解的幾乎不會忘記。若靠研究記憶術可以克服需要死記硬背的小範圍考試，但無法處理大範圍考試，背完當下記得可以考試，可是一兩天內就忘光，學習的知識都累積不起來。

3) 無法用圖像輔助記憶，沒有心像能力。

4) 無法用朗誦輔助記憶。無法連結語音和語義，靠大聲朗誦來記憶時，我儲存到腦袋的是「純音樂的噪音編碼」，儲存不久。

» 7.「處理速度慢」的困擾：

1) 接收訊息和反應的時間很慢。

» 8.「工作記憶小」的困擾：

1) 一次只能處理一點點東西，需要媒介輔助，例如：打字。

2) 在腦中直接處理有困難，需要媒介輔助。

3) 無法同時進行好幾件事情。

4) 影響聽、閱讀理解的歷程。

» 9. 其他困擾：

1) 無法感知節拍。

2) 肢體協調障礙、左右不分。

3) 低肌張力。

4) 感覺統合異常。

各學習弱勢的代償策略

😊 對於整體學習的代償

» 1. 課堂吸收

課堂上是否能有效吸收是學習很重要的關鍵,如果錯過課堂學習,學障者回來自己研讀課本會很吃力,因此盡量爭取課堂上就能吸收知識的機會。

對我來說,可以與老師互動的學習效果最好,這種情況我在課堂上幾乎就能吸收完所有知識。在《被卡住的天才》這本書也有提到,其他美國的學障者在可以與老師互動的課程上可以學得很好。如果可以的話,盡量選擇或創造可以互

動的學習空間給學障的孩子。

　　老師授課的時候，事先提供課程教材給我會有幫助，我可以事先閱讀教材，對於接下來要做的事有些概念，而且我也能在這些教材上做筆記；老師提供多元媒材以及多重的知覺刺激，讓我在實作中學習，對於這些知識能有更深的理解和更多的連結（例如：自然學科動手玩模型以及做實驗對我來說很有幫助）。此外，由於學障的孩子不太擅長死記硬背，如果老師上課時把知識背後的原理讓我知道，也能幫助我吸收知識。

　　所以，如果學障者對自己的情況很了解，亦能讓老師知道自己適合的學習方式，或是在課堂上讓老師清楚卡住自己的地方，請老師針對這些問題點深入說明。像我就很常在學習的過程中，請求我的老師以特定的方式教我知識，例如：學習統計時，我會請求老師以圖表來講解，盡量不要用到符號，如果要用符號講解，在提到每個符號時給我一些處理時間，或乾脆直接在這些符號旁邊寫上對應的中文。

　　對於有影片的課程，可以多看幾次，第一次閉上眼睛直接聽（可以避免視覺資訊干擾），不用全部理解或記得沒關係，只是先建立知識的架構以及敏感度；第二次則是不斷按

暫停鍵慢慢看影片做詳細的筆記，之後可以看這些自己做的筆記快速複習，也能在比較疲倦時播放影片用聽的複習。

» 2. 課業複習

我會選擇有許多圖解以及圖表的參考書，越少長篇大論文字的越好。

國高中時期，我常常都只讀這些整理得很好的圖表，不讀都是文字的課本。因為我對顏色敏感，我也會用不同顏色的旋轉蠟筆在文字內容的部分畫重點，並把相關的資訊用不同顏色的筆精簡地標註及整合在圖上，讓我閱讀同一張圖片時可以同時取得更多資訊。

另外，選擇學習媒材的時候，建議一開始可以選擇內容比較少、比較簡單的書籍來讀，通常這些內容比較少、比較簡單的書籍，會涵蓋大概 80% 以上的重點，而且是以淺顯易懂的方式呈現，先藉由這些書籍建立知識的架構之後，如果有餘力，再去讀較深、內容較多的書籍，這時候閱讀有之前打下的基礎，讀起來比較不會吃力，而且也比較沒壓力。

最後，也很推薦學障者可以在書籍重要的部份，或是覺得難以記憶的部份，貼上標籤貼紙，考前可以直接翻閱複習；也可以把這些知識用自己適合的方式做筆記。因為我對

於色彩比較敏感，我會使用不同的顏色來做筆記；我也會利用剪貼簿，把對我來說重要的部份影印貼在一起，方便對照以及考前複習，或者也可以借助學習軟體來幫助自己組織知識（例：Xmind、MarginNote 等等）。

☺ 對於特定認知任務的代償

» 1.「聽」的代償

對於聽不清楚的部份，上課我會提早進教室，盡量選在第一排（第一排離老師近，聲音比較大，而且比較不會受竊竊私語的同學影響）；平時則會請講話的人再說一次，或是盡量不要和別人約在吵雜的地方聊天（會聽不清楚而且容易頭痛）。

對於一次聽太多訊息會迷失的部份（聽覺記憶廣度），如果情境允許，我會在我快負荷不了之前找機會插話，讓過程變成對我吸收比較容易的互動模式；如果情境不允許，只好請求對方讓我錄音，會去再慢慢重新聽和理解。

» 2.「說」的代價

　　溝通層面，因為我也有些口語學障的問題，在能用打字溝通的情況下，我會盡量爭取打字溝通，打字可以慢慢組織語詞和要表述的內容，會比口語順很多。

　　如果需要上台報告這種情境，我會在報告前，寫逐字稿講稿背誦，假如 5 分鐘的報告，我一開始可能需要練習 3 小時的講稿，隔天可能還是沒辦法講得像別人一樣順暢（能帶稿上台就儘量帶稿）。但我這樣練習了 3 年後，我已經能做到：只要有事前準備，我就能流利地報告；我也開始能比較彈性地臨場發揮，而且因為我都有練過逐字稿，多少字多少時間，所以我的時間掌握比別人精準。

» 3.「讀」的代價

1) 識字

　　小時候我會透過想像力來幫助自己記住國字，像「碧」字，我會想到一隻白老虎王坐在石頭上；「臺」字上面是一個「吉」不是「士」，因為台灣是一個吉利的地方。對我來說一開始記字的結構時，這些聯想對我滿有幫助的。

到了小學高年級，推薦可以買一本《字族識字活用寶典》，它以有趣的兒歌將相似的字串起來，學習生字的過程變得有意義且有系統，可以讓我更容易而且快速的記得生字，幫助我大量累積識字量。

【註】相關資源

(1) 畫字的部分，也可尋找《有生命的漢字》系列叢書讓孩子閱讀。

(2)《字族識字活用寶典》的部分，中央研究院大腦與語言實驗室也有針對國小生字將相似字依照出現頻率整理成比較容易吸收的形式，並設計幫助小學生認字的 APP，可以去大腦與語言實驗室找這項資源。

2) 對於閱讀時無法清楚辨認字詞及跳字的代償

因為學障的關係，我閱讀時會跳字漏字，有時候會單字看顛倒，而且閱讀單一文字時，因為視覺完型能力缺損，沒辦法看到完整的整個字，這些情況一開始對於我的閱讀是有影響的。後來我遇到了一本對我幫助非常大的書－金完浣的《高效率量子閱讀法》，幫助我在一般的條件下克服了這些問題，讓我即使生理限制仍然存在、同時在沒有特別訓練的

情況下得以一分鐘閱讀大約 1100~1200 字的文句，並抓取重點（但我不使用這項代價時，我一分鐘僅能閱讀 82 字，遠低於一般人平均 300~500 字，顯示我的生理問題仍然存在）。

以下針對這部分說明：

《高效率量子閱讀法》這本書提到：「劍橋大學研究發現，其實閱讀的時候，不需要完整地辨認字型就能閱讀，閱讀時閱讀完整的文字是沒有必要的。」

這讓我想到它或許可以是學障障礙本質的一種解套，如果學障的障礙是無法完整閱讀一個文字，而閱讀一個完整的文字是對於閱讀不是必要的，或許我可以試試看放棄一定要閱讀完整文字的執著。

另外，書裡也提到：「只有閱讀新手才會逐字閱讀，逐字閱讀是沒有效率而且無意義的事；閱讀高手會跳躍式閱讀，或一次多行閱讀，甚至直接於對角線閱讀全頁。」

這部分給了我一個靈感，逐字閱讀對我這麼困難，而且閱讀高手也不是逐字閱讀的，那我何不乾脆放棄逐字閱讀？於是我決定放棄逐字閱讀的習慣，我發現它的確有幫助我改善閱讀的問題。

對於以上代償需要注意的部分：

① 需要高度的專注力以及邊閱讀邊思考，把跳躍的字詞連結起來。

② 對於吸收到的資訊保持彈性：

　(1) 看錯或看不清楚一些字的時候，如果不是太重要或不影響閱讀，可以略過，但仍須對一些關鍵字保持警覺；若懷疑某個字是重要的，需要再回頭確認真正的文字。

　(2) 看到一些字詞顛倒或漏字時仍然可以接收（例如：迪麗熱巴 & 麗迪巴熱、明察秋毫 & 明察秋毫），但也需對一些字詞顛倒或漏字有截然不同意義的字詞保持警覺（例：saw & was、eternal & external）。

③ 容忍有時候快速看過沒辦法看懂，需要回去再尋找遺漏的關鍵字（《高效率量子閱讀法》有提到：訓練一次可以看見大範圍文字的方法，如果沒有 Simultanagnosia— 刺激失認症的人，或許可以嘗試看看）。

這個代償的好處是，它可以克服大多數的閱讀，讓有跳字問題的學障者享受閱讀的樂趣。但這個代償有一些限制，在某些情況下是不適合跳字閱讀的，例如：知識密度高的專業書籍（這部分有其他代償，見第 4 點）、法律、合約，或是文學等等，讀者需要多加注意。

【註】不需完整辨認文字就能閱讀的方法

認知神經科學研究有發現，人在辨認物體時有兩種途徑：一種是 Selective pathway ，細細辨別物體每個部件才確認這個東西是什麼；另一種是 Nonselective pathway，僅看物體的大致輪廓就辨別物體。一開始我們閱讀時可能不習慣僅靠大致輪廓不完整辨認文字這樣的模式來閱讀，但我們一開始可以嘗試有意識地以整體、像看風景那樣，選擇 Nonselective pathway 來閱讀，之後慢慢習慣成自然。

3) 閱讀時藉由增加對知識架構的理解，提升理解能力

藉由第一個步驟克服了閱讀文句的困難，接下來進入閱讀書本的部份。

相信對很多學障者來說，看到厚厚一本書，會感到困難重重，下面分享一本讓我得到很多幫助的書—《雪球速讀

法》，得到的啟發。

　　這本書與一般教導速讀的書籍不同，比起速讀，對我來說它更像某種閱讀策略的書籍。它強調的是人與閱讀的互動，及腦中資料庫與閱讀的關係，不需要受過訓練就能使用。

　　這本書大致運用的原理是讓讀者快速累積對於書本的資料庫，資料庫累積了，自然後續的閱讀效率和理解都會提升。它提到：閱讀一本書之前，先大量重複地閱讀書本的目錄以及前言後記，這些部份集結了書本的精華，讓讀者可以快速掌握書本的架構與重點，接下來快速地翻過書本的內文，一開始可能只看內文標題，不要管有沒有理解，以「累積資料庫為目的」瀏覽過去就好，幾次之後，對於這本書的資料庫提升了，可以開始看更多書本的內文，如此的一直重複看。它強調：重複並快速閱讀，是相輔相成的，藉由累積資料庫並建立書本的大架構，來幫助自己理解和吸收。

　　我覺得書裡提到的方法對學障的我很有幫助，學障因為天生閱讀比較困難，如果要我慢慢閱讀，我很容易迷失在文字森林裡面，讀了前面忘後面；而且閱讀一陣子之後，就會頭痛，所以我不適合那種需要長時間閱讀的方法。但書中提

到的策略剛好避開了我兩項弱點，藉由快速閱讀讓我的眼睛負擔不那麼重，而且藉由重複閱讀、對知識建立大架構的方式，也幫助我避開了在文字森林迷路的問題。有興趣的讀者，或許可以參考看看這個方法。

4) 入門新專業領域時，閱讀專業書籍的代償

我會先閱讀這個領域比較科普、簡單的入門書籍，目的也是建立對於知識的資料庫，幫助自己在後續正式閱讀專業書籍時，可以更快掌握內容。

在《學生為什麼不喜歡上學？》這本書有提到：

知識對於閱讀理解是不可或缺的。閱讀理解需要綜合段落裡的概念，而不只是理解個別的概念。作者為避免冗長，有時會省略一些要理解上下文邏輯不可或缺的訊息，因為作者設想讀者有辦法填補缺漏。這樣的風險是讀者可能沒辦法完全理解內容，因此作者在設定讀者群時很重要，會決定書本提供多少基礎內容給讀者。

因此反過來說，當我們對於某個新領域缺乏知識時，我們可以先閱讀較基礎的書籍；較基礎的書籍更有可能將我們需要的訊息清楚交待，讓我們更容易理解和消化。

除了因為基礎的書籍，作者會提供更多幫助理解的資訊，也有提到另一個重要、可以幫助閱讀理解的關鍵－對於背景資料庫的掌握。它與《雪球速讀法》的觀點相似，但它以「認知神經科學背景」更清楚地說明了這個過程是怎麼發生的：

如果背景知識不夠，則很難理解訊息所表達的，因為「空間」用完了（如果有專業背景的人可以理解為工作記憶），我們閱讀那些對我們來說艱深的文句時，需要同時處理文句裡所有的元素，並且將它們串起來，但這樣的處理量對我們大腦來說太多了，於是我們開始當機。

增加對於背景的專業知識，有助於解決這個問題。專業知識可以幫助我們將雜亂的訊息化為意義組塊，龐雜的資訊變成意義組塊之後，就有省下的其他資源可以幫助處理這些資訊（工作記憶增加），閱讀理解也增加了。

從這裡我們可以得到一個啟發：對於要閱讀的素材，有足夠的知識背景很重要。因此我們在閱讀專業書籍之前，可以嘗試先閱讀平易近人的基礎書籍，累積足夠的資料庫再邁入專業書籍。到時候要閱讀原本想要閱讀的專業書籍時，原本的書籍可能也變成另一本基礎書籍了，就像爬階梯那樣。

【註】閱讀專業書籍時，除了可以先閱讀基礎書籍建立資料庫之外，也能合併使用《雪球速讀法》提到的方式來建立知識資料庫。

5) 閱讀時記錄書本內容的方式

這個部份取決於閱讀的目的，還有這本書值不值得讀者花時間做筆記。

平時我閱讀課外書時，若看到對我有啟發的觀點，我可能只針對這些觀點做簡單的筆記；如果是那種整本對我來說都很有啟發，或是我需要用來準備考試的書籍，我會在使用「雪球速讀法」閱讀完之後，再慢慢看一次，一邊繪製以我自己邏輯脈絡組織的樹狀圖筆記，讓我的理解和印象增加，也能快速複習。

【註】如果讀者和我一樣有手寫的問題，可以使用手機或電腦打字做筆記。我個人偏好使用手機做筆記，我會下載「超注音」，它有一款功能是語音輸入（能自己標標點符號和隨時調整錯字），或是下載圖文轉換軟體（現在 Line 也有這個功能），這些輸入法能減少我們做筆記時手寫或打字慢的問題。使用手機做筆記，讀者可以依據自己的需求選擇適合的方式。

以下分享幾個我常常使用的筆記模式：

*Google 文件，它的好處是可以電腦手機同步編輯，而且本質和 Word 一樣，有很多小工具可以編輯，也能輸出成 docx. 格式。

*Xmind 繪製心智圖（含各種不同的圖 Ex. 樹狀圖、魚型圖、流程圖……），它的好處是有電腦版和手機版可以使用，而且可以免費將繪製的心智圖輸出成 PDF。

» 4.「寫」的代價

因為我的手部肌張力不足而且精細動作差，寫字速度慢，所以我在寫考卷的時候，都會盡量精簡字詞（有些考試比較難精簡就會比較吃虧）。錯別字或拼字的問題，我會以打字處理；打字有個好處是：文書處理軟體大部分會有自動校正的功能，如果打錯了會被畫紅線，而且很多時候錯的部份也沒辦法輸入，可以避免很多錯誤的機會。

對於手部肌張力不足而且精細動作差的問題，我發現：我在練鋼琴的時候，因為手指頭被大量訓練，那陣子寫字有比較快一點和漂亮（但比起正常人可能還是算慢）。如果正

在閱讀這本書的你（或你的孩子），對於鋼琴有興趣，或是對於一些可以訓練到手部肌肉的活動有興趣，可以鼓勵多做。這個部份，也能尋求專業職能治療師幫助，職能治療師會設計一些小活動讓我們練習（例如：治療黏土），在練習中慢慢提升手部肌張力和控制能力。

【註】如果要尋求治療，可能要有心理準備，它是需要長期投入的（以年為單位），價格不菲（單次治療費以千計算），且成效很慢。醫院甚至不建議治療，認為直接尋求教育端提供適當評量調整就好。我因為沒有特教身分，所以非常需要這些治療。此外，這些訓練只要暫停，手部功能就會退化回原本的狀態。

» 5.「算」的代價

我遇到數字，需要一小段時間才能轉換成數字（數感不好），對於這部分我的代價是：花時間觀察尋找數字間的規律。以下舉一個實用的例子，平時買東西找錢常常用到：

$$100 = ☆ + △$$

$$= 1+99 = 2+98 = 3+97 = \cdots = 9+91$$

$$= 11+89 = 12+88 = 13+87 = \cdots = 19+81$$

$$= 21+79 = 22+78 = 23+77 = \cdots = 29+71$$

$$= 31+69 = 32+68 = 33+67 = \cdots = 39+61$$

$$= 41+59 = 42+58 = 43+57 = \cdots = 49+51$$

$$= 51+49 = 52+48 = 53+47 = \cdots = 59+41$$

$$= 61+39 = 62+38 = 63+37 = \cdots = 69+31$$

$$= 71+29 = 72+28 = 73+27 = \cdots = 79+21$$

$$= 81+19 = 82+18 = 83+17 = \cdots = 89+11$$

$$= 91+9 = 92+8 = 93+7 = \cdots = 99+1$$

以上述例子會發現：處理兩個數合起來為 100，給一個數求另一個數的問題，個位數就是直接用 10 去減，而十位數就用 9 去減：

例：$100 = 87 + \triangle$，

　　$\triangle$的個位數 $= 10 - 7 = 3$

　　$\triangle$的十位數 $= 9 - 8 = 1$

　　$\rightarrow$ 所以 $\triangle = 13$

累積大量這種常使用的數字規則，可以在考數學時爭取

187

一些時間（如果學障者本身對於找出這些規律有困難，可以請身邊的朋友或師長幫忙，一起討論）。另外，對於常見的一些數字，我也會背起來，像 10~30 的平方「121, 144, 169, 196, 225, 256, 289, 324, 361……」、某些比較小的立方數「1, 8, 27, 64, 125, 216, 343……」、圓周率相關的數值「3.14, 6.28, 9.42, 12.56, 15.7, 18.84, 21.98……」、常見的 log 值等等。

雖然有計算學障問題的人天生沒有數感，但可以大量背誦這些數值增加敏感度，在考試時讓自己不那麼弱勢。此外，就算有計算的學障，不代表數學一定差。我雖然有算的學障，但我也多次是全校數學最高分的人，所以即使有算的學障，但對數學有興趣，仍然可以學習數學；算只是數學裡面的一部份，國外小學生都用計算機呢！（大學數理學科考試也能使用計算機。）

【註】對於數字規律的部份，如果有興趣可以找印度的數學書籍來看，印度人研究了好多數字之間的規律；對於記憶常見數字的部份，背不起來很正常，我背很多次都還是會忘，對我來說考前一定要複習。

» 6.「記憶」的代價

對我來說，我主要依靠的方式是透過完全理解來記憶，這樣的過程對我來說是最自然，也是記最長久的。然而，求學過程中，我們常常不被允許理解所有的內容，常常是匆匆忙忙地囫圇吞棗死記硬背大量知識，這讓我很苦惱，因此有針對考試發展了一些記憶的方法：

1) 以理解為基礎的記憶（未理解的知識不適合此方法）

Step 1. 對知識內容建立大架構

可利用前面閱讀的代價提到的：快速瀏覽目錄、前言與後記、內文大標，來幫助自己建立架構。

Step 2. 再次慢慢閱讀學習內容，並且做筆記

因為是需要精讀的考試書目，在快速讀完之後，需要針對重點製作筆記。我會採用活頁紙做筆記，需要收納放回筆記本收好，也可在其他時間單獨拿出來複習。

Step 3. 分散記憶

一開始學習時，有意識地以 1 小時為一個循環來複習新學習的內容，並且複習三個循環。接下來則不定時在零碎時間拿出來複習。

Step 4. 利用睡前及醒來的時間記憶

晚上睡前可以將想要記憶的內容快速讀過（以不超過五分鐘為原則，快速且隨意瀏覽過），早晨醒來的時候也再次複習。

【註】晚上睡前適合記憶的內容：

　　＊重點筆記（最精簡的版本）

　　＊快速瀏覽過書本目錄及內文大標

　　＊書本貼標籤的部份

Step 5. 輸出

將已習得的知識，嘗試不看任何資料以自己的話語或文字表達出來，使自己可以自由且靈活地運用這些知識。輸出的方式很多元，可以單純自言自語、對內容寫摘要、組讀書會與別人分享自己學習的內容，也可以開始寫考古題（尤其申論題）。

2) 死記硬背：用來對付條列式、無法理解的知識

• 抓取條例式需要記憶各項目中的幾個字或字首，將它們串起來變成有意義的歌謠或單位，來幫助記憶。

Ex 「五大人格特質」的五項特質是：「經驗開放性（Openness）、盡責性（Conscientiousness）、外向性（Extroversion）、親和性（Agreeableness）、神經質（Neuroticism）」，可以把英文的字首組合成「Ocean」，就變得好記多了！

- 用便利貼貼容易考的部分，考前狂背。

Ex 數學公式。

【註】在記憶代償部分，啟發我的相關書籍包括有：《一分鐘超強記憶法》、《睡前一分鐘驚人學習法》、《精神科醫師的輸入與輸出學習法》。

» 7.「處理速度慢與工作記憶小」的代償

對於這個問題，我覺得環境給的「空間」和「彈性」很重要！在友善有彈性的環境，我可以處理到和一般人一樣，不太會造成別人困擾；但若是僵化死板的環境，則會視情況而發生不同程度的適應不良問題。

我的工作記憶很小，可以想像成我處理事情時腦中能動員的空間小且資源少，因此我會尋求一些外在的媒介來當作

我腦袋的延伸。例如：一般人會把需要處理的訊息記在腦中，同時在腦中加工處理；而我則偏向將記憶的東西寫下來或打下來，以外在媒介為版面幫我記著，我少許的認知資源就能用來加工處理這些訊息。

至於處理速度慢的問題，我會找出新的操作流程，「改良和精簡」原本的流程來節省時間，讓我可以用更少的步驟做完原本要做的事，這使得我在和別人一樣的時間內，可以做和別人一樣多的事。

整體而言，我需要盡量掌握做事節奏的主權，讓步調以及做事的方式是我可以處理這些資訊的；如果可以的話，比起團體一起做事，我更喜歡自己一個人做事，因為這樣可以用自己適合的方式代價這些問題。

» 8.「注意力」的代價

對於注意力，我本身困擾比較不大，但在閱讀書籍的時候，有遇到幾本對我很有幫助的書，例如：《每天最重要的2小時：神經科學家教你5種有效策略，打造心智最佳狀態，聰明完成當日關鍵工作》與《專注力就是你的超能力》。這兩本書有別於傳統以克制的方式來掌控注意力，反而要我們配合生理狀態以及專注週期，讓我們可以如流水般順應自己

的狀態，達到良好的績效。

☺ 個人應試策略分享

» 1.準備時的取捨

對於學障生來說，準備考試的取捨很重要。在投入考試之前，可以先分析考試的題型以及出題分佈，甚至分析你目前正在學習的東西是否有意義以及對未來有沒有影響……要把時間花在刀口上。舉例來說，我會看字音字形大題的配分，通常不重，這個大題常常出現生冷的字詞，對於未來幫助不大，而且對於學障的我來說，很吃力。所以我可能在確認自己該會的詞彙都會了之後，放棄生冷字詞；而英語科目對我來說雖然也很困難，可是它對未來發展很重要，那我就會加倍努力讀英文。

而另一種情況可能也是需要考量的：選擇把時間花在強科還是弱科。

不同科目對學障生的難易度可能相差很大，而且學障生是否獲得支持也會有所差別。以我為例，我的高中物理如果有時間可以認真準備，可以獲得全班最高分的成績；但我的

化學每天需要投入至少 7~14 小時,卻只在及格邊緣。我在沒有特教資源也沒有任何評量調整的情況下(如:考試延長或調整及格分數),為了不因為被當掉而無法畢業,我只能放棄我的強科物理(就算考試當天才唸第一次,甚至來不及練習題目,也能及格),把所有時間拿去讀化學;甚至最後放棄自然組選擇社會組。雖然無法發展我擅長而且喜愛的強科,但這樣的取捨,讓我得以在沒有任何特教支持的情況下大學畢業。(我拿到大學文憑,未來打算邊工作邊學習我喜愛的物理,之後會再進修。)

然而,如果正在讀這本書的你(或你的孩子),有獲得特教支持(例如:弱科及格分數有調整),或你是自學生,有足夠彈性可以包容弱科,且有更多元的管道可以升學(例如:清大特殊選才拾穗計畫、身障者升學管道),或許可以把重心放在發展自己的強項,讓自己的強項發光發熱,以強項在世界立足(弱科未來不一定用到,只是為了考試)。

» 2. 時間分配與跳題作答

一拿到考卷時,我通常會先把整張考卷看完,把我比較擅長且花比較少時間就能處理的題目先做完,留下自己知道會寫比較慢的題目或不太擅長的題目。舉例來說,自然科學

考試，我知道我遇到化學題目時因為符號太多而且都很像（Ex. CaO_2和 C_2O_2），反應速度慢，就算我會寫我也需要很多時間辨認這些符號，會犧牲我其他作答時間，因此我選擇先作答其他幾科，化學全部留到最後寫。最後我成功拿到所有除了化學以外的分數，拿到了頂標的成績（化學大概一半來不及寫）。我在時間內盡量拿到我能拿的分數。

» 3. 閱讀測驗

對於閱讀測驗，短時間要看完、理解並且記住內容，這對有學障的我們來說並不容易。所以我不會要求自己要認真讀完全部的文章，我只針對題目考的內容找答案。我會先看題目問什麼（題目＋選項），再回去找文章中的答案。因為我的記憶力不是很好，所以我也會在題目上畫關鍵字，並且來回對照閱讀；我也會在文章中標註題目有提到的部份，這樣檢查時比較容易檢查。

此外，多數文章會有一些結構，尤其是英文文章；除了整體文章有結構 （例如：introduction + body + conclusion），段落裡面也有固定的結構（例如： Topic sentence + Supporting Sentence + Concluding Sentence），在閱讀時也能根據這些結構來幫助自己快速掌握重點。

» 4. 答題：圈關鍵字、錯的選項劃掉對的圈起來

這個策略對我來說非常重要！在我發展出來這些應對策略之前，我常常因為粗心導致段考各科總扣分被多扣 70 ～ 100 分！因為學障比較容易跳字跳行，題目常常喜歡問「下列哪一個選項不是正確的？」或「下列哪一個選項是正確的？」一字之差差很多！後來，我養成了讀題時會注意這些陷阱的習慣，而且我還會特別把它圈起來，我就幾乎不太會中陷阱了。

此外，如果是選擇題，把對的選項圈起來，把錯的選項撇掉，對我來說也是很重要的技巧。我常常不小心寫到其他選項，而且這麼做會讓我們一定得把所有選項都看完，不會出現誤中誘答選項陷阱的悲劇。

» 5. 畫卡作答

這個部份也可能是學障者容易遇到的問題，我曾經第二題就跳題，對答案時，發現自己的每一個答案都是上一題的答案，至今都無法忘記那種欲哭無淚的感覺！

後來我發展出來的方法是：以「題目卷的一頁」為單位

來畫卡。選擇這個單位是因為，以頁為單位畫卡，不會一直斷斷續續打斷作題節奏（對我來說，斷斷續續反而容易出錯），而且以頁為單位比較容易核對自己有沒有漏題（以 5 題、10 題為單位反而難核對，因為可能跨頁）；其次，一頁的題目不會很多，一次畫卡也是一下子就畫完了，就算剛好遇到打鐘收卷，也來得及在時間內把寫完的題目畫到畫卡紙上；最後，當我寫完一頁的題目時，通常想要休息一下，這個時候畫卡剛好可以放鬆，它幫助我可以更專注地繼續下一頁的作答。

☺ 結語

若正在讀這本書的你，身邊有正在辛苦掙扎的學障者，我們可以做的是：給予學障者溫暖的理解與支持，光讓學障者了解自己是被愛、被支持，且有人願意努力理解的，就能帶給學障者巨大的力量，讓學障者可以成為披荊斬棘的勇士。

　　若正在讀這本書的你，是一名學障者（或是學障者的家人），可能你正擔心著自己（或家人）的學習狀況與未來，我想跟你說的是：「不要放棄自己！」你（或你的家人）可以學得很好的，學障者只是需要空間，用獨特的方式學習。與學障抗戰的這條路，我們可能被擊倒，但我們也可能在堅持中浴火重生，翱翔於夢想的天空，甚至獲得比一般人更好的韌性。別對自己失去信心！

　　願你平安！

附錄（能尋求幫助的管道）

☺【相關資源】

中央研究院大腦與語言實驗室：

http://ball.ling.sinica.edu.tw/brain/edu/radical.html

☺ 【相關書目】

1. 宇都出雅巳（民 104）。《雪球速讀法：累積雜學資料庫，達到看書十倍速，大考小考通通難不倒》。新北：人類智庫。

2. 李芳齡（譯）（民 104）。《每天最重要的 2 小時：神經科學家教你 5 種有效策略，打造心智最佳狀態，聰明完成當日關鍵工作》（原作者：Josh Davis, Ph.D.）。台北：大塊文化。（原著出版年：2015）

3. 李雪娥、高佩茹、陳曉依、陳雅嬿、陳寶玉、陳凱玫、劉至瑜、劉蘋誼（民 107）。《有生命的漢字－部件意義化識字教材》。新北：心理出版社。

4. 金炳完（民 107）。《高效率量子閱讀法》。新北：人類智庫。

5. 胡慧文（譯）（民 104）。《1 分鐘超強記憶法：超過 130 萬人見證，證照檢定、大小考試、職場進修通通搞定》（原作者：石井貴士）。台北：時報出版。（原著出版年：2013）

6. 高宜汝（譯）（民 106）。《專注力，就是你的超能力：掌控自我、提升成績的 18 個學習武器》（原作者：DaiGo）。

台北：方智。（原著出版年：2016）

7. 張智淵（譯）（民 108）。**《不熬夜，不死背，睡前 1 分鐘驚人學習法》**（原作者：高島徹治）。台北：時報出版。（原著出版年：2012）

8. 郭子菱（譯）（民 109）。**《精神科醫師的輸入與輸出學習法：腦科學、精神醫學及心理學佐證，讓你學習快又有效率！》**（原作者：樺澤紫苑）。台中：晨星出版。（原著出版年：2017）

9. 許豪沖、黃秀惠（譯）（民 105）。**《被卡住的天才：用韌性釋放被禁錮的才智》**（原作者：Myrna Orenstein）。台北：張老師文化。（原著出版年：2007）

10. 謝儀霏（譯）（民 107）。**《學生為什麼不喜歡上學？：認知心理學家解開大腦學習的運作結構，原來大腦喜歡這樣學》**（原作者：Daniel T. Willingham）。台北：久石文化。（原著出版年：2010）

11. 羅秋昭（民 108）。**《字族識字活用寶典》**。台北：小魯文化。

謝孟洋 學障特質故事分享

簡作者介：

謝孟洋

謝孟洋，因對英語的熱愛，曾就讀過嘉南藥理大學應用外語系、南台科技大學應用外語系、文藻外語大學翻譯系以及彰化師範大學英語系所，為突破學習障礙而努力奮鬥。

在工作領域方面，曾任職於 Iyuno·SDI Group、遠東翻譯社、Pixelogic Media、汪喵星球等公司作為自由譯者，翻譯過：Discovery、Sony、Disney+、A&E Network……影視作品。

目前任職於科技業半導體維修工程師及自由譯者，期許自己能在跨領域產業中有所發展，並期望作為後輩學障生的榜樣。

未來願景：想從事補教業、自媒體或生涯規劃師，希冀通過我的經驗為社會幫助弱勢族群，有任何想法或理想的人士，可與我聯繫共同發想創新的合作企劃！

✓ Gmail:ernaxie.slime@gmail.com

✓ Linkedin: linkedin.com/in/erna-xie-236902223

✓ Facebook 社團「台灣跨性別共融之家」

前言！

　　我在這一路上學習面臨太多太多的挑戰，感謝這一路以來師長的幫忙，儘管到大學、研究所，還是有遇到不理解我的師長而對我抱持著成見，但我認為要多建立人脈、選對好的學校，會減少學障生在校學習的壓力；儘管醫生說學習障礙的特質會跟隨我們一輩子，但隨著科技飛快的發展，我相信未來有更先進的輔助裝置與容易使用的軟體，能協助我們改善學習的能力。

　　感謝這次有幸參與合作出書的機會，分享自身的經歷是需要勇氣的，而在這個形象包裝主義的世界，願意挺身而出分享的學習障礙生，我由衷感動！我亦期望分享我種種過去心路歷程，作為借鏡來為下一代有學習障礙特質的學生貢獻，並成為他們支柱的力量，使學習障礙不再是生活中的困擾，並作出適合自己的選擇。

☺ 一、個人學習障礙的定義

我在學習障礙上分類為：讀、寫、算；智能正常，內在差異大（魏氏成人智力量表第四版全智商：103，語文理解：116，知覺推理：100，工作記憶：94，處理速度：94）；無肢體動作障礙，但動態平衡為邊緣範圍。

☺ 二、學習障礙的類型

» 1. 讀寫障礙

我讀文章的閱讀速度偏慢，以前在課業至上的學校，我往往跟不上其他同學，看題目的速度遠遠比別人慢 1-2 倍，而且我有短期記憶的困擾，所以若考題是一大篇幅的閱讀文章，我很可能會忘記前面所敘述的內容，反而需要重新再看一次或多次以增強記憶力。光是這點，我就落後別人很多。

» 2. 書寫障礙

我在用詞方面會寫顛倒，例如：我想寫「掃描」，但會寫成「描掃」；在用詞方面，有時心中有想表達的感覺，但在腦海中我需要較長時間的思考搜索用詞，導致有些時候我寫作表達上會有所停頓。但最讓我困擾的事是：我中文字知道語音表達，但就是想不出字型，所以我只能先以注音或拼音或英文字先代替，後續想到再更改成正式的中文用詞。

» 3. 數學障礙

數理上的障礙，主要是記不得公式。在台灣數學注重背公式的條件下，國中程度的公式我還可以背得起來，但到了

高中，我就無法記得這麼多公式，導致就算我理解題目在講什麼，但我腦海沒公式的基礎下，就無法計算出數值。而且我在上數理課時，由於我的聽覺與視覺邊緣性延遲，又有短期記憶的問題，導致我根本無法跟上課程進度而灰心。

» 4. 注意力不足

我在不同的科目都會遇到上課跟不上的問題，漸漸地在上課中我會放空，這種感覺就像是我的頭被魚缸蓋住，模模糊糊地只聽到聲音。但由於我精神疲倦無法再跟得上老師的語速，就會導致我分心，所以我在就學時期就只能一直盯著課本看，根本無法管老師在講什麼內容。

» 5. 非語言學習障礙

我除了學習障礙，還伴隨著亞斯伯格症的特質，以至於有時候我無法適當回應別人的情緒與感受，而顯得冷漠。所幸這一點在成年以後已獲得大幅改善，需與心理諮商師不斷的學習，從自我的感受開始啟蒙，先瞭解自我特質才有辦法理解外界別人的心情；我直到今日還不斷地在學習。

學習障礙的成因與表現

☺ 學習障礙的成因

» 1. 遺傳因素

學習障礙極有可能是先天基因造成的。像我媽媽的哥哥是台大博士，但卻不知道該如何表達話語；而且男生比女生更容易有學習障礙的趨勢，可能是荷爾蒙或基因讓男生更容易顯現這樣的特質。

» 2. 環境因素

由於環境的刺激不足，也會導致對外界的事物理解薄弱許多。我個人認為學障生需大量接收社會外界的信息，找出自己的長處，而我因為家裡比較少帶我出去，無法讓我見多識廣，也會造成我對認知有所不足，進而反應在課業學習方面上。

» 3. 大腦結構與功能差異

過去曾做過核磁共振，經顯影劑的反應，有發現我的前額葉較不活躍，因此導致思考較不靈敏，所以這也是可能影響學習障礙的間接原因。

☺ 學習障礙的表現

» 1. 社交能力

這是我較薄弱的一環；我個性內向，又因為學習障礙，不易表達用詞及感受，所以在學校場合我難得有交到朋友的機會，都是孤身一人默默坐在座位上看書，無視周遭的人事物。

» 2. 情緒與心理狀態

由於我不擅長表達心中的感受，以前在學期間我非常壓抑自我，常受到師長、同學與父母對我學障的不了解，受盡種種不公的壓力。出社會後，我也還在調適中，在公司種種的框架下也遇到了情緒的困擾，所以現今我有服用精神科藥物讓我得以放鬆。

學習障礙的評估與診斷

☺ 專業評估與診斷

　　學習障礙有些是不容易判斷出來的，像我因為以前在學校太過認真，所以學業成績還保持的不錯，但這就出現了問題：鑑輔會教授認為我學業成績太好而不符合學障生的標準。但他們不知道我以前是利用「利他能」來強迫自己讀書死記硬背，才能取得這樣的成績。所幸，在埔里基督教醫院有精密的儀器及專業的醫師幫我診斷，才能至少有醫院的診斷，進而可以有學校資源班的幫助。

☺ 心理測驗與教育評估

在心理測驗方面的結果，我的家庭自我、學業／工作自我量尺偏低，顯示可能在家庭中有疏離感或感到失望；可能在學校和工作場合中的表現有困難。

除此之外，我在就讀研究所期間，取得的教育部特殊教育學生鑑定證明書特教類別為：「情緒行為障礙」，這是因為學障延伸出的問題；學障造成我身心靈方面都有受挫感，這也是需要特別留意學障生的層面。

☺ 家庭與學校的角色

家人一開始不知道我有學習障礙的問題，所以我考試考不好都會以體罰的方式懲處；學校老師也會因為成績低落的原因而叫學生回家罰寫，但這完全對我沒有任何幫助。後來家人知道我有學障後，就沒這麼嚴格對待我課業上的問題；學校也有特教資源可以協助我幫助學習，甚至是任課老師也會撥出一些時間為我授課。

學習策略與技巧

☺ 讀寫策略

　　我認為學障生讀寫方面可以利用電腦來書寫，打字能更輕易解決書寫的困難，只要知道如何發音即可。而閱讀方面可以利用將文字轉成音檔來聽，更容易快速接收信息，或是使用 chatGPT 來策劃書寫的品質與邏輯。

☺ 書寫策略

　　書寫方式可由 chatGPT 來生成段落；模仿 AI 寫作也是我進步的一項利器。AI 可以省掉一半思考時間來幫這我提

高寫作能力，若使用 chatGPT 詠唱術，它能以專業人士的視角幫我判斷並強化解決問題的答案，對我的書寫上起到了重大的進步。

☺ 數學策略

至於數學方面，我認為可以去上網路課程以自己的步調來做學習。由於學校較不允許學生利用錄影的方式記錄下老師的教學過程，我認為利用網路的資源就能解決大部分的問題；也可以利用電腦軟體 MATLAB 圖示化來強化學生對於數學的學習，這部分網路有相關資訊或可以請教相關人員。

☺ 注意力與專注力提升

個人的注意力與專注力是我的優勢（蓋洛普 Gallup 克利夫頓優勢測評），所以只要是我能理解的內容，我自然都能保持專注的狀態。使用「利他能」來提升專注力是可行的，但並不會提高理解度，所以請按照自身的學習環境狀態來考慮要不要服用藥物。

☺ 社交能力訓練

　　社交能力可先利用在校資源諮商，先與信任的心理師討論自身不論是內在或外在的感受，漸漸將自我的信心擴大，並請心理師制訂提升社交能力的方法。

　　只要持續與人不斷的對話並自我反思，我相信漸漸地每個人都能悠遊自然與人對話。我的心理師也有幫我梳理我過去不好的經驗，透過「眼動身心重建法（EMDR）」幫助我的創傷經驗感受降低，也會增強對於社交的恐懼感克服力。

結語：給學障生與親師的建議

😊 學習障礙生的無限潛能

學習障礙生的狀況各式各樣，每個人所面臨的障礙也都有所不同，儘管如此，我認為都有解決之道。學習障礙只是人的一部分特質，只要能夠知己知彼便能百戰百勝，因此選擇適合的學習環境或工作環境對學障生格外重要！

我認為學習障礙生更需要使用 3C 產品來協助解決生活上的困難；每個人都是獨一無二的，因此找到自己適合的人當作自己的導師非常重要。

😊 社會共同參與與關懷

我相信擁有學習障礙的人士一定比統計的數目還多，但這個社會上經常「因為不了解」或以「資源有限」為理由，去否定一個人可能擁有學習障礙的特質及所需要的合理調整。我認為社會要多多重視學習障礙社群，因為唯有真正的參與，才知道學習障礙人士擁有與眾不同的特質；協助學障人士也有助於提升社會的共融性。

😊 創建包容與多元的學習環境

我身為學障生，在傳統的教育體系成長，我認為要找到包容與多元的環境確實不容易，所以選擇學校尤為重要；另外，也要多多與教師溝通，並多收集自己的成長歷程以便日後在校的學障鑑定。

若是您身為老師，您可以協助學生事先規劃下一堂的課程目標，也可以事先提供教師手冊或講義，以便學障學生能抄寫下手冊或講義上的內容，讓學障生能事先了解準備的範圍，如此一來便能快速進入上課狀態。若是身為學生的您，可以尋求特殊教育資源教室，事先跟特教老師提出所需要的資源，以便特教老師事先與任教老師安排需要給您的協助！

附錄（資料來源與管道）

1. 學習障礙相關書籍與文獻推薦

https://www.beclass.com/share/202006/3968693187401xbn_2.pdf

2. 專業機構與協會連結

https://www.facebook.com/groups/270686026408259/

3. 線上資源與教育平台介紹

https://tw.amazingtalker.com/blog/zh-tw/k12/41240/

好學習 069

學習困難戰士求生法
戰勝學習障礙的勇者故事與實用策略

作　　者	許豪沖、張菀芹、康維真、黃姿文、黃紹閔、鄭婷尹、謝孟洋
總 策 劃	洪雅惠教授
顧　　問	曾文旭
出版總監	陳逸祺、耿文國
主　　編	陳蕙芳
文字編輯	翁芯琍
封面繪者	張歆瑀
美術編輯	李依靜
圖片來源	圖庫網站：shutterstock
法律顧問	北辰著作權事務所

印　　製	世和印製企業有限公司
初　　版	2023年07月
出　　版	凱信企業集團-凱信企業管理顧問有限公司
電　　話	（02）2773-6566
傳　　真	（02）2778-1033
地　　址	106 台北市大安區忠孝東路四段218之4號12樓
信　　箱	kaihsinbooks@gmail.com

定　　價	新台幣360元／港幣120元
產品內容	1書

總 經 銷	采舍國際有限公司
地　　址	235新北市中和區中山路二段366巷10號3樓
電　　話	（02）8245-8786
傳　　真	（02）8245-8718

國家圖書館出版品預行編目資料

學習困難戰士求生法：戰勝學習障礙的勇者故事與實用策略／許豪沖、康維真、張菀芹、黃姿文、黃紹閔、鄭婷尹、謝孟洋合著. -- 初版. -- 臺北市：凱信企業集團凱信企業管理顧問有限公司, 2023.07
　　面；　公分
ISBN 978-626-7097-87-8(平裝)

1.CST: 學習障礙 2.CST: 特殊教育 3.CST: 個案研究

529.6　　　　　　　　　　112008876

凱信企管

用對的方法充實自己，
讓人生變得更美好！

凱信企管

用對的方法充實自己，
讓人生變得更美好！

凱信企管

用對的方法充實自己，
讓人生變得更美好！

凱信企管

用對的方法充實自己，
讓人生變得更美好！